Hubert Schwarz

»Bike the Future«

Ein Radsportler trifft die Menschen dieser Welt

Hubert Schwarz

»Bike the Future«

Ein Radsportler trifft die Menschen dieser Welt

»Bike the Future« – trifft die Menschen dieser

Eine Tour durch vier

Ein Botschafter auf dem Rad: Hubert Schwarz.

Ich bin ein Mensch, der immer die Herausforderung sucht, ein Mensch, der Ideen und Träume in die Tat umsetzen will, neue Wege geht und dabei oftmals die persönlichen Grenzen überschreitet. Deswegen habe ich 1990 meinen sicheren Job im öffentlichen Dienst an den Nagel gehängt und mich nur noch auf meine Passion konzentriert: den Extremsport.

Als ich damals diesen Schritt tat, wollte ich mir selbst beweisen, dass ich mit 36 Jahren fit genug bin, extreme Distanzen zu überwinden, wenn ich mich professionell vorbereite. Und das ist mir inzwischen zur Genüge gelungen. Ich habe auf dem Rad die Eiseskälte in Alaska bezwungen, bin mit dem Mountainbike durch mehrere Wüsten gestrampelt und habe zwei Weltrekorde aufgestellt, als ich Australien in 42 Tagen umrundete.

Nach zehn Jahren harter professioneller Arbeit und großen Erfolgen fragt man sich aber plötzlich: »Und nun, was kommt jetzt?« Ich kannte zunächst keine Antwort und fühlte mich wie Dr. Faust aus dem gleichnamigen Drama von Goethe: »Da steh ich nun, ich armer Tor! Und bin so klug als wie zuvor.« Was würde mich noch reizen? Ein viertes Mal das »Race Across America«, den härtesten Radmarathon der Welt? Wohl kaum. Die Welt in 40 Tagen statt in 80 Tagen umradeln? Nein, das wäre Wahnsinn und niemals zu schaffen. Ich bin doch kein Tor! Lange Zeit fand ich keine Antwort.

Ich las dann noch einmal die Zeilen aus dem Faust-Monolog: »Und ziehe schon an die zehen Jahr herauf, herab und quer und krumm, meine Schüler an der Nase herum und sehe, daß wir nichts wissen können! Das will mir schier das Herz verbrennen.« Ja, so fühlte ich mich ja auch. Zehn Jahre bin ich als Extremsportler durch die Welt gezogen, habe Seminare gehalten und Führungskräfte aus der Wirtschaft gecoacht. Doch was habe ich erreicht? Okay, ich habe mehr als 1,5 Millionen Mark zugunsten verschiedener Kinderhilfseinrichtungen erradelt. Aber habe ich die Welt dieser Kinder verändert? Konnte ich ihnen eine bessere Zukunft geben? Ich hatte meine Zweifel, und so entstand langsam die Idee zu meiner nächsten Tour: der »Bike-the-Future«-Tour.

Der Zufall wollte es, dass im Jahr 2000 zum ersten Mal eine EXPO-Weltausstellung in Deutschland stattfand. Das Motto hieß »Mensch, Natur, Technik « und stellte die Frage nach dem Zusammenleben im 21. Jahrhundert. Es machte Klick bei mir. Natürlich, das war es: Ich steige wieder auf mein Fahrrad und sammle weltweit von den Menschen ihre Wünsche an die Zukunft. Nur so können wir erfahren, wie sich Kinder und Erwachsene eine gemeinsame Welt vorstellen. Eben eine Einheit in der Vielfalt.

ein Radsportler Welt

Im Hinterhof Europas: Hubert Schwarz in einem rumänischen Waisenhaus.

Kontinente und ihre Mission

Die EXPO-Macher waren von meiner Idee sofort begeistert, und ich hatte das Glück, die Deutsche Post World Net als Hauptsponsor zu gewinnen. Und so machten wir uns daran, die Tour durch vier Kontinente, 21 Länder und fünf Wüsten zu organisieren. Wir legten die Routen der fünf Etappen fest, buchten Hotels und Frachtflüge und nahmen Kontakt zu den diversen Botschaften auf, um die Einreise-Erlaubnis für unseren Tross zu erhalten. Denn so eine gewaltige Tour ist nicht als Einzelkämpfer zu bewältigen. Ein Team begleitete mich auf den zurückzulegenden 25.000 Kilometern in drei extra umgebauten, den extremen Bedingungen angepassten Begleitfahrzeugen von DaimlerChrysler (ein Unimog, ein Geländewagen und ein Allrad-Sprinter). Die Fahrzeuge waren mit Satellitennavigationssystem und -übertragungsstation ausgerüstet, damit wir jederzeit Kontakt zur Heimat halten konnten. Wir waren also optimal präpariert, als am 1. Mai auf dem EXPO-Gelände in Hannover der Startschuss fiel.

Ich möchte Sie jetzt dazu einladen, auf den nächsten Seiten mit mir erneut die »Bike-the-Future«-Tour zu bewältigen. Und bitte Sie eindringlich: Wagen Sie es und sagen Sie »Ja« zu einer Zukunft in Einheit und Vielfalt.

Ihr

Hubert Schwarz

Hubert Schwarz

Schwarz und Gelb vereint: Hubert Schwarz mit Kindern im Senegal.

8 | Grußwort

Prof. Dr. Gert Schukies, Kommunikationsdirektor Deutsche Post World Net, schreibt über den »Botschafter auf dem Rad«, Hubert Schwarz, seinen Charakter und seine Mission. Und warum die Deutsche Post World Net die »Bike-the-Future«-Tour unterstützt hat.

10 | Europa

Die ersten Tage der Tour: Einrollen für eine ungewöhnliche Mission. In der Schweiz, in Frankreich und in Spanien trifft Hubert Schwarz Menschen aus verschiedenen Generationen, die ihre Hoffnung an eine Zukunft mit mehr Menschlichkeit nicht aufgegeben haben. Das gilt auch für den Rennfahrer Heinz-Harald Frentzen, den Schwarz in Barcelona trifft. Sein Wunsch ist schlicht »eine große und glückliche Familie«. In Almeria nimmt Schwarz Abschied von seinem Heimatkontinent – ein Abschied für drei Monate.

24 | Afrika

Was für ein Kontrast zu Europa! Hubert Schwarz durchquert den Nordwesten Afrikas, kämpft gegen Wind und Sand in der Westsahara und entdeckt in Mauretanien die sagenhafte Wüstenoase Chinguetti. Die Menschen in der Wüste haben ganz andere Erwartungen an die Zukunft als Europäer. Sie wünschen sich einfach nur »mehr Wasser, mehr Strom und mehr Bildung«. Die Afrika-Etappe geht in Dakar, der Hauptstadt des Senegals, zu Ende.

58 | Südamerika

Aus der Wüste in den Moloch von São Paulo und in das Hochgebirge der Anden. Der südamerikanische Kontinent offenbart sich der »Bike-the-Future«-Tour von einer ganz anderen Seite, der harten und rauen Realität des Alltags in den Armutsvierteln und den Indianer-Reservaten. Zukunft ist hier ein Fremdwort, denn hier zählt nur das Heute, vielleicht noch das Morgen, aber nicht mehr das Übermorgen. In Südamerika müssen Hubert Schwarz und sein Team auch eine große Enttäuschung hinnehmen. Schneestürme verhindern die Überquerung der Anden. Die Südamerika-Etappe geht ungewollt zu Ende.

82 | China

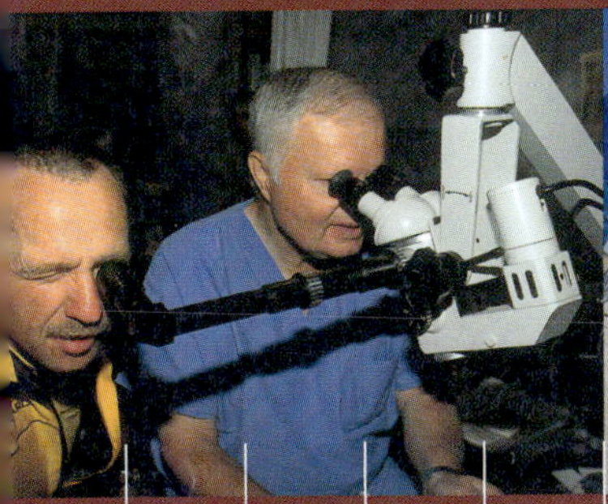

China – das faszinierende Reich der Mitte. Das Milliardenvolk steht auf dem Sprung in die Moderne, doch Wirklichkeit und Utopie klaffen weit auseinander. In der Millionen-Metropole Shanghai werden Wolkenkratzer aus dem Boden gestampft, während auf dem Lande die Menschen noch wie im Mittelalter leben und mit primitiven Geräten die Felder bewirtschaften, und über allem wachen Beamte und Militärs, die auch die »Bike-the-Future«-Tour auf ihrem Weg in Richtung Zentralasien genauestens kontrollieren.

110 | Zentralasien

Auf der alten Seidenstraße – von Kirgistan über Usbekistan in den Iran und in die Türkei. Hubert Schwarz begegnet Menschen aus einer scheinbar anderen Zeit, in der die Religion das Maß aller Dinge ist. Und doch sind die Menschen offen und freundlich gegenüber dem »Botschafter auf dem Rad«. In der Türkei bekommt das Team plötzlich Zuwachs: »Future«, ein Hundewelpe, begleitet fortan das Team.

138 | Europa

Es geht nach Hause: Das Team erreicht Europa und lernt im Hinterhof des Kontinents die vergessenen Kinder von Shigetu Marmatiei kennen. Es sind Waisenkinder, die letzten Opfer des sozialistischen Regimes in Rumänien. Um den Kindern zu helfen, legt Hubert Schwarz einen Grundstein für ein modernes Kinderheim, das den Kindern wieder eine bessere Zukunft geben soll. Wenige Tage später erreicht das Team Deutschland und am 31. August geht die »Bike-the-Future«-Tour zu Ende. Riesenjubel auf dem EXPO-Gelände in Hannover.
Und doch denkt Hubert Schwarz weiter …

154 | Die Vision

No futuro eu espere
que acabem com a
lencia e mais polic
nas escola e eu es
que acabem com o
mprego e a desmat
e ajudem as pessoa
que passam fome

Was bringt die Zukunft? Eine einfache Frage, auf die aber jeder eine andere Antwort kennt – ob in Armut oder in Wohlstand lebend oder ob Jung oder Alt. Die Antworten fallen so unterschiedlich aus, wie Menschen auf der Welt leben. Und doch haben sie eines gemeinsam: den Wunsch nach einer besseren Zukunft, in der alle Menschen friedlich zusammenleben. Hubert Schwarz hat sich dazu seine Gedanken gemacht.

Hubert Schwarz – der Botschafter

Begleitwort von Prof. Dr. Gert Schukies

Ein großer Fan des Radsports am Start der »Bike-the-Future«-Tour: Prof. Dr. Gert Schukies, Kommunikationsdirektor Deutsche Post World Net (rechts).

Hubert Schwarz ist ein Sportler, ein Rad-Sportler der ganz besonderen Art. Er frisst die Kilometer auf seinem Rad nicht, um Siege, Medaillen und Rekorde zu jagen. Nein, Hubert Schwarz ist kein »Kannibale« wie die belgische Radlegende Eddy Merckx, keine »Lunge« wie der Spanier Miguel Indurain und auch kein »Naturtalent« wie der Deutsche Jan Ullrich. Hubert Schwarz hat andere Qualitäten. Er ist von anderer Machart als Olympiasieger und Weltmeister.

auf dem Rad

Der PR-Manager des gelben Briefkonzerns »on the road« mit Hubert Schwarz (links) und dem Pop-Star Joey Kelley (Mitte).

Was ihn ausmacht, ist sein außerordentlicher Charakter: Er besitzt eine zähe Ausdauer und eine Mission, die ihn durch Eis und Schnee, durch Wüsten und über Berge, durch Schluchten und über Pässe auf allen fünf Kontinenten treibt. Hubert Schwarz ist für mich der Botschafter auf dem Rad. Ein Botschafter, der unterwegs ist, um die Menschen in ihren verschiedenen Kulturkreisen kennen zu lernen und zu verstehen.

Zum ersten Mal hörte ich von Hubert Schwarz, als er 1991 als erster Deutscher das Ziel des 5.000 Kilometer langen »Race Across America« sah. Das Rennen, das in einer einzigen Etappe von der West- zur Ostküste der USA gefahren wird, gilt als der härteste Radmarathon der Welt. Von da an war ich von ihm fasziniert. Doch mein Respekt vor seinen Leistungen sollte noch größer werden. Im Jahr 1993 stellte der Franke einen einsamen Rekord auf: In nur 42 Tagen umrundete er den australischen Kontinent und legte dabei 14.000 Kilometer zurück. Drei Jahre später schaffte er sogar das Unmögliche: In 80 Tagen radelte er um die Welt und bewältigte 22.000 Kilometer im Jules Verneschen Zeitlimit. Eine sportliche Ausnahmeleistung, die wir im Zeitalter von »höher, schneller, weiter« leider viel zu wenig gewürdigt haben.

Deswegen war es mir eine besondere Freude, als mich Hubert Schwarz vor nunmehr zwei Jahren ansprach, ob ich mir die Deutsche Post World Net als Sponsor seiner »Bike-the-Future«-Tour vorstellen könnte. Spontan sagte ich zu. Denn die Tour ist nicht nur ein Lauf gegen die Zeit. Vielmehr greift sie den Gedanken der Weltausstellung in Hannover auf: »Wie wird die Zukunft sein?« Hubert Schwarz sammelte auf seiner Tour durch vier Kontinente die Zukunftsvisionen vieler Menschen, um sie im längsten Brief der Welt zusammenzufassen. Dazu machte er immer wieder Halt auf den Etappen. Er fragte die Nomaden in Mauretanien, die Straßenkinder im Moloch von São Paulo, die Arbeiter von Shanghai oder die Bauern in Rumänien: »Was ist für euch Zukunft?«

Die Briefe wurden via Internet und Express an die Deutsche Post World Net übermittelt und im größten Briefkasten der Welt – der Postbox auf dem EXPO-Gelände – gesammelt. Dort beendete Hubert Schwarz am 31. August seine Tour – nach 123 Tagen durch 21 Länder auf vier Kontinenten, Passagen durch fünf Wüsten und fünf Gebirgsketten. Mit dem Ergebnis, dass auf diese Weise der längste Brief der Welt entstand. Und noch viel mehr: nämlich die Botschaft, dass wir nur miteinander eine bessere Zukunft und eine bessere Gesellschaft schaffen können.

Daher freut es mich auch, dass Hubert Schwarz seine Eindrücke und Abenteuer auf dieser sagenhaften Tour endlich zu Papier gebracht hat. Das Buch »Bike the Future« ist fesselnd und spannend zugleich. Es nimmt einen mit auf die Fahrt. Man wird entführt in das sagenumwobene Heiligtum Chinguetti, man kämpft in den Anden gegen Schneestürme, man ist gerührt von dem amerikanischen Ärztepaar, das in der Wüste Gobi die Leiden der Menschen lindert, und man ist betroffen von dem Schicksal der rumänischen Waisenkinder. Und am Ende des Buches kommen Sie vermutlich zum gleichen Fazit wie Hubert Schwarz: Für eine Zukunft, die besser, friedlicher und menschenfreundlicher sein soll als die Gegenwart, müssen wir uns alle mehr einsetzen, mehr miteinander reden und uns besser verstehen.

In diesem Sinne wünsche ich Ihnen viel Spaß beim Lesen und Blättern!

Ihr

Prof. Dr. Gert Schukies

Der Start – Aufbruch zu einem Stück

Einrollen für die Tour durch

mehr Menschlichkeit

vier Kontinente

Der 1. Mai 2000 ist für den Ausdauersportler Hubert Schwarz ein ganz besonderer Tag. Auf dem EXPO-Gelände in Hannover startet er zur »Bike-the-Future«-Tour, einer Tour mit besonderer Mission: In vier Kontinenten will er die Menschen und ihre Visionen zur Zukunft kennen lernen.

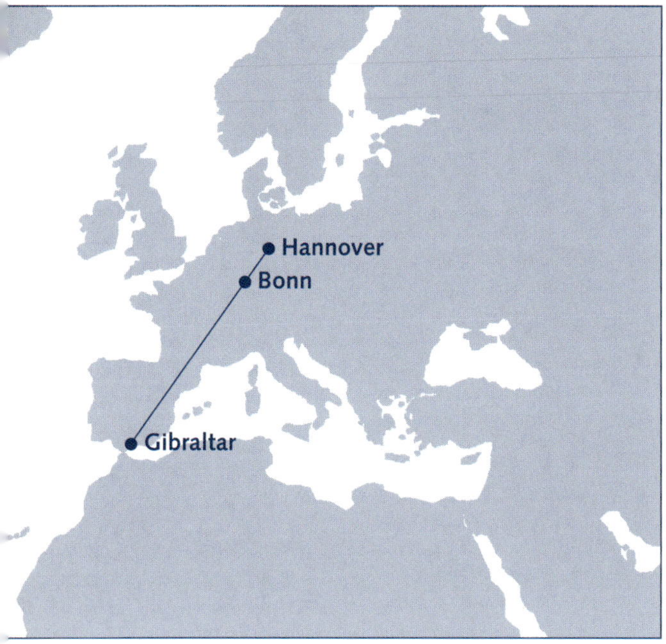

Es geht los! Ich stehe vor der größten körperlichen und mentalen Herausforderung meiner sportlichen Karriere: der »Bike-the-Future«-Tour. Ich werde 16 Wochen im Sattel sitzen, dabei vier Kontinente durchqueren, 25.000 Kilometer zurücklegen, unter der Hitze der Wüste Gobi leiden und hoch in den Anden gegen Schneestürme kämpfen. Ich bin hochnervös, als ich an diesem Morgen aufwache. Das Wetter ist schlecht. Es nieselt, als ich um 9 Uhr morgens in der VIP-Lounge der Postbox auf dem EXPO-Gelände in Hannover den Journalisten Rede und Antwort stehen muss.

Um 10.30 Uhr ist es endlich so weit: Schornsteinfeger Ludwig Jungmayer gibt den Startschuss. Aus den Lautsprechern dröhnt der Song »Playing with the Time«. Mein Freund Leslie Mandoki, den meisten bekannt als Ex-Mitglied der Gruppe »Dschingis Khan«, hat ihn extra für die Tour komponiert.

Startschuss für das »wahnsinnige Trio« Joey Kelly, Gert Schukies und Hubert Schwarz (von rechts). Hubert Schwarz' Tochter Laura hält sich bei dem lauten Knall die Ohren zu, während seine Frau Renate leise Abschied nimmt.

Einrollen für die »Bike-the-Future«-Tour durch das herrliche Sauerland.

Als ich in die Pedale trete, ist meine Anspannung plötzlich weg. Die Menschen applaudieren, als wir das Gelände in Richtung Süden verlassen. Ich schaue mich um, sehe meinen Freund Joey Kelly und denke mir: »Toll, dass Joey bis Barcelona mitfährt.« Auch Prof. Dr. Gert Schukies ist dabei. Der Kommunikationsdirektor von Deutsche Post World Net begleitet uns auf unserer ersten Etappe. Wir sind schon ein wahnsinniges Trio: der Pop-Sänger, der PR-Manager und ich, der Ausdauersportler.

Pünktlich um 21.30 Uhr kommen wir vor dem Rathaus in Attendorn an. Der stellvertretende Bürgermeister empfängt uns herzlich; überrascht sind wir über die 30 Kelly-Family-Fans, die unbedingt ein Autogramm von Joey wollen. Ein tolles Abendessen schließt den ersten Tag ab. Obwohl wir heute »nur« 248 Kilometer gefahren sind, fallen wir hundemüde ins Bett.

Offizieller Botschafter der EXPO

Nach fünfeinhalb Stunden Schlaf geht es morgens um 5.45 Uhr weiter. Vor uns liegt eine Tagesetappe von 267 Kilometern durch das bergige Sauerland bis nach Bonn. Ganz schön anstrengend, auch für unsere begeisterten Mitradler Thomas Koch und Stefan Müller, denn die Zeit drängt, weil etwa 30 Radsportler auf unsere Ankunft in Bonn warten. Sie wollen uns anschließend begleiten. In der Zentrale der Deutschen Post werde ich mit einer außergewöhnlichen Nachricht empfangen: Ab sofort bin ich offizieller Botschafter der Weltausstellung EXPO 2000 in Hannover. Das habe ich Gert Schukies zu verdanken. Er hat sich mächtig für mich ins Zeug gelegt. Nach einer Pressekonferenz gibt es noch ein sportliches Frühstück. Schließlich müssen meine Kameraden und ich noch 180 Kilometer über Koblenz und Bingen strampeln. Das Tagesziel ist Mainz.

Die französischen Schüler sind begeistert von meiner Tour und schreiben spontan ihre Wünsche an die Zukunft.

Begegnung am Wegesrand in Frankreich: Vier Rentner genießen ihren Abschied vom Arbeitsleben.

»Ich wünsche mir viel, viel Liebe, einen klaren Kopf, viele Ideen, Freunde, auf die ich mich verlassen kann, einen lieben Freund, Glück, Gesundheit und Gerechtigkeit in der Welt.«

Barbara (12 Jahre) aus Köln

»... Und weißt du, was ich mir am meisten wünsche? Dass die Zukunft nicht ohne Bäume und Tiere ist und nicht so kahl, sondern mit viel Gras, Tieren und Bäumen ...«

Elena (10 Jahre) aus Mainz

Über den Rhein

Die Nacht war kurz. Denn um 4.30 Uhr bin ich schon in Mainz losgefahren. Meine Schwester begleitet mich ein paar Kilometer mit dem Fahrrad. Es geht zunächst in Richtung Gaggenau. Ein Teil der Strecke führt durch Frankreich. Den Rhein überqueren wir in der Nähe von Gaggenau mit einer Fähre. Im DaimlerChrysler-Werk in Gaggenau wird unser Team mit einem »großen Hallo« von den Werksangehörigen begrüßt. Wen wunderts? Hier wurde unser Unimog gebaut, der als Servicefahrzeug mit auf die Welt-Tour geht. Sofort inspizieren die DaimlerChrysler-Spezialisten den postgelben Allradtruck und ziehen hier und da noch eine Schraube nach.

Gern hätten wir mit den Monteuren noch länger geplaudert, doch in Bühl wartet eine feierliche Scheckübergabe zugunsten der »Hubert-Schwarz-Stiftung«. Der Betrag eines dortigen Türsystem-Herstellers geht direkt an das Kinderdorf in Rumänien, das ich mit den Erlösen meiner Tour bauen will. 30 Mitradler des engagierten Unternehmens nutzen ihre »gekauften Kilometer« und begleiten unser Team noch die letzten 106 Kilometer bis nach Bad Krotzingen. Dort gibt es einen offiziellen Empfang der Kurverwaltung. Unser nächstes Ziel heißt: Genf.

Knackige Anstiege im Jura

Die Schweiz ruft! Frühmorgens um 6 Uhr machen wir uns auf und verlassen Bad Krotzingen und das Rheintal. Über Basel führt der Weg ins malerische Laufertal, wo uns die ersten Strahlen der durchbrechenden Sonne begrüßen. Am Streckenrand nehmen wir ein zweites Frühstück ein. Danach geht es hinein in die Bilderbuchlandschaft des Schweizer Jura. Sonnenüberflutete saftige Wiesen und grün bewaldete Hügel erwarteten uns. Es ist einfach nur schön, doch die Beine müssen arbeiten. Die ersten knackigen Anstiege erwarten uns. Nach dem ersten bezwungenen Pass nehme ich dankbar die Hilfe unseres Physiotherapeuten Gunnar Hoischen an, der meine Beine lockert und meine Füße massiert. Ich habe ja noch einen weiten Weg vor mir.

Mit Kohlehydratriegel und Bananen fülle ich meinen Energiespeicher für die nächsten 150 Kilometer. Und weiter gehts – über La Chaux-de-Fonds und den Col de la Vue des Alpes, wo den Straßenrand noch Schneereste säumen, nach Neuchâtel am gleichnamigen See. Von dort führt die heutige Etappe weiter über Lausanne bis zum Etappenziel Genf. 324 Kilometer habe ich heute zurückgelegt. Ich rechne nach: Mehr als 1.150 Kilometer sind es inzwischen seit dem Startschuss am Montag.

Jeder Tritt bedeutet einen Schritt näher zum Ziel. Hier in einem französischen Alpendorf.

Wünsche aus Entre-Deux-Guiers

Die heutige Etappe der »Bike-the-Future«-Tour führt von Genf nach Nîmes. Um 6 Uhr morgens gehe ich mit zwei Mitfahrern auf die Strecke. Bei bewölktem Himmel und teilweise Nieselregen geht es von Genf zunächst nach Annecy. Am Rande der Alpen führt die Strecke nach Aix-les-Bains und am malerischen, zwischen Bergen eingebetteten Lac de Bourget vorbei nach Chambéry. Danach geht es bergauf durch die Ausläufer der Alpen über den Col de Couz hinunter nach Les Échelles und Entre-Deux-Guiers. Hier habe ich erstmals die Möglichkeit, französische Schüler nach ihren Zukunftswünschen zu befragen. Die nette Lehrerin und die aufgeweckten Kinder sind sofort begeistert von der Idee. Viele bringen ihre Wünsche an die Zukunft zu Papier. Wir werden mit Fragen bestürmt. Die Schüler sind erstaunt von der fast unvorstellbaren Distanz der Reise und der Tatsache, dass Kinder und Erwachsene in der ganzen Welt über ihre Vorstellungen zur Zukunft befragt werden.

Auf der Weiterfahrt in Richtung Voiron passieren wir eine imposante, von schroffen Felsen gesäumte Schlucht. Kurz nach Voiron erreichen wir die Isère, der wir bis Valence im Rhône-Tal folgen. Entlang des mächtigen Flusses führt die Strecke über Montelimar und Orange bis Nîmes, dem Ziel der heutigen Gewalt-Etappe. Um die 350 Kilometer habe ich zurückgelegt, seit Hannover sind es mehr als 1.500.

Gespräch im Hafen mit Thomas

Nach dem Start um 6 Uhr geht es zügig in Richtung Mittelmeer. In der Camargue hängt noch der Morgennebel über den Sumpfflächen. Üppiges Schilf und farbenprächtige Flamingos prägen das Bild. Die Passanten sind erstaunt, als ich mein zweites Frühstück am Hafenbecken von Sète esse. In der Nähe angeln zwei Kinder. Sofort findet sich die Gelegenheit zum Gespräch. Thomas Pacayret (13) glaubt an das Zusammenwachsen der Welt und die Kommunikation aller Menschen via Internet. Wie alle jungen Franzosen, mit denen ich mich bisher unterhalten konnte, wünscht er sich das Verschwinden des Rassismus.

Am frühen Morgen starten Joey und ich nach Barcelona, um Heinz-Harald Frentzen zu treffen.

Im Laufe des Tages erleben wir die verschiedensten Landschaften – von sumpfigen Mooren über felsige Hügel bis hin zu malerischen Weinbergen. Die mediterrane Atmosphäre gefällt mir sehr, obwohl das Wetter an diesem Tag wechselhaft ist. Über die Pyrenäen geht es am Abend nach Spanien. Das Tagesziel ist Girona, rund 270 Kilometer habe ich heute gemacht. Das gesamte Team fiebert bereits dem Treffen mit Formel-1-Pilot Heinz-Harald Frentzen entgegen.

Der Familientyp Frentzen

Wir stehen früh auf. Unsere Anspannung ist groß, entsprechend ist die Hektik. Bei völliger Dunkelheit starte ich mit Joey in Richtung Granollers bei Barcelona. Kurz nach 7 Uhr erreichen wir das Hotel von Heinz-Harald. Eine große Gruppe hat sich hier bereits versammelt: die »Bike-the-Future«-Crew, Mitarbeiter der Deutschen Post AG, die ja auch das Jordan-Team von Frentzen sponsort, sowie ein Fan, der auf der Jagd nach dem goldenen Schnappschuss ist.

Zunächst treffen wir Frentzens Teamkollegen Jarno Trulli in der Tür. Wir plaudern ein wenig, und er schreibt sein Autogramm auf meinen Rucksack – dieser soll am Ende der Reise die Unterschriften vieler Prominenter tragen. Und dann kommt Heinz-Harald Frentzen. Er ist cool und locker. Von Aufregung vor dem Start keine Spur. 15 Minuten quatschen wir über Gott und die Welt und natürlich über seine Wünsche an die Zukunft. »Ich bin ein Familientyp,« sagt er, »deswegen ist

Wo immer es möglich ist, radle ich am Meer entlang, um die Brise zu genießen.

mein Zukunftswunsch eine große und glückliche Familie.« Als Dank für das obligatorische Rucksack-Autogramm schenke ich Frentzen meinen Fahrradhelm. Während Heinz-Harald seinen Boliden über die Strecke jagt, gönne ich mir eine Auszeit mit meiner Familie, während die Crew gespannt das Rennen beobachtet.

Ganz schnell zum Stadtgespräch

Nach der Pause am Sonntag sind wir morgens um 6 Uhr ausgeschlafen und ausgeruht. Auf der viel befahrenen Nationalstraße radeln wir entlang des Mittelmeers gen Süden. Die Landschaften wechseln sich ab. Zunächst prägen Hügel das Panorama, später sind es weitläufige Ebenen mit endlosen Orangenplantagen und Olivenhainen.

Wo immer es möglich ist, versuche ich, auf kleinen Straßen direkt am Meer voranzukommen. Leider klappt das nicht oft. Dort, wo es funktioniert, ergibt sich immer die Möglichkeit, mit Menschen zu sprechen. Ein Fahrradfahrer, der, begleitet von leuchtend gelben Fahrzeugen, die Welt umrundet, wird in Windeseile zum Stadtgespräch, so auch in Peniscola, einem für sein Kastell

»... Möchten doch möglichst viele Menschen verstehen, was das Leben bedeutet, den Weg erkennen, den sie gehen sollen und ihn dann auch willig gehen. Damit die Zukunft freudig begrüßt werden kann ...«

Beate Brackenköhler (54 Jahre) aus Oldenburg

HEWLETT PACKARD
Deutsche Vermögensberatung

»... Liebe Zukunft, ich wünsche von dir eine bessere Welt! Zeig den Menschen in aller Welt, wie sie friedlich miteinander leben können. Liebe Menschen, lasst uns ein großes Volk werden ...«

Lena (16 Jahre) aus Deutschland

bekanntes Örtchen. Voller Enthusiasmus erzählen mir die spanischen Teenies ihre Zukunftswünsche und schreiben sie auf. Und wieder steht der Wunsch nach Frieden ganz oben auf der Liste. Auch die Gleichheit unter den Menschen der Welt, das Verschwinden des Hungers und die Rücksicht auf Umwelt und Natur liegen den jungen Spaniern am Herzen.

Durch karge Berge auf dem Weg in Richtung Costa Blanca.

Mitfahrer an der Costa Blanca

Es geht weiter Richtung Süden, zunächst angenehm flach, doch dann werde ich in den Hügeln stärker gefordert. Die Gegend ist karg und felsig. Um leichte Schmerzen gleich im Ansatz zu bekämpfen, entscheide ich mich für eine vorbeugende Kniebandage. Es hilft. Gegen 9.30 Uhr gibt es ein zweites Frühstück vor dem »Costa Blanca Baecker« in Pedreguer. Zweifellos eine sehr touristische Region, aber für den Geschmack eines richtigen Abenteurers nicht ohne Reiz.

Um 11 Uhr habe ich einen Pressetermin bei den »Costa Blanca Nachrichten«, der größten deutschsprachigen Zeitschrift in Spanien. Zunächst besteht die Redaktion auf ein Gruppenbild mit mir, erst danach folgt das Interview. Mein Interviewpartner Rudolf Meyer ist ein Kenner der Szene. Er war Teilnehmer beim ersten »Ironman« in Roth, der direkt vor meiner Haustür stattfindet. Wir fachsimpeln, doch viel Zeit haben wir leider nicht, ich muss weiter. Außerdem warten einige an der Costa Blanca wohnhafte Radler aus Deutschland auf mich. Sie wollen uns ein Stück auf der Tour begleiten. Unser Etappenziel ist Mula nahe Murcia und das EXPO-Projekt »Murcias Bauern haben Wasser auf dem Sparbuch«.

Das Meer ist für diese spanischen Damen ein Ort der Ruhe und Entspannung.

Wasser auf dem Sparbuch

Wir haben uns am Vorabend das EXPO-Projekt angesehen. Dort arbeitet man an der Realisation einer modernen Form der Bewässerung, um den Gemüse- und Obstanbau in der Region ertragreicher, umweltverträglicher und nicht zuletzt kostengünstiger zu gestalten. So konnte der Wasserverbrauch im Vergleich zur traditionellen Bewässerung um 87 Prozent gesenkt werden. Der Ertrag der so optimal mit Wasser versorgten Pflanzen konnte sogar um 15 Prozent gesteigert werden. Ich bin begeistert von den Erfolgen des Projektes, das Modellcharakter hat und die Bauern der Region Murcia mit Zuversicht in die Zukunft blicken lässt.

Der Regenmacher

Die Trockenheit der Region beschäftigt auch die elfjährige Anita. In ihrem Brief an die Zukunft wünscht sie sich unter anderem sehr viel mehr Regen. Und ihr Wunsch sollte schnell erhört werden – nicht ganz zu meiner Freude. Denn um 7 Uhr morgens schwinge ich mich auf mein Bike – und siehe da: Es regnet in Strömen. Erinnerungen werden wach an meine Tour durch Australien im Jahr 1995: Vier Monate hatte es dort nicht geregnet, doch kurz nach meiner Ankunft begann der Regen.

Bei Pulpi erreicht unser Team Andalusien. Die Landschaft ist geprägt von einem Wechsel aus karger gelblicher Erde, Pinien, Wein, Zitronenhainen und gigantischen Folien-Gewächshäusern. Die Trockenheit ist überall zu spüren. Am Golf von Almería bläst mir ein starker Wind ins Gesicht. Ich kämpfe mit dem ständigen Auf und Ab der Straße. Linker Hand brandet das Mittelmeer an eine meist schroffe steile Küste, die gespickt ist von Ruinen mittelalterlicher Festungen. Der maurische Einfluss auf die Region ist unverkennbar. Heute führt der Weg noch hinunter nach Almería, das »Sprungbrett« nach Marokko.

Bei Almería: ein fragender Blick in Richtung Afrika. »Was mich dort wohl erwartet?«

An Bord der »Scirocco«

Heute verlassen wir Europa, und für mich beginnt ein neues Abenteuer. Ich freue mich auf das Neue und bin gespannt auf die Menschen, die Natur und die Kultur und natürlich auf die Briefe an die Zukunft. Sieben Stunden dauert die Überfahrt übers Mittelmeer von Almería in Südspanien nach Nador in Marokko. Die Besatzung der »Scirocco« kümmert sich rührend um das Team. Sogar die schmutzige Wäsche darf an Bord gewaschen werden. Die Stimmung ist fast wie auf dem »Traumschiff«: Kapitän Ernie, ein Engländer, erweist dem Team zwar nicht die Ehre eines Captain's Diner, dafür gibt es aber eine Einladung auf die Brücke. Von dort aus schaue ich noch einmal in Richtung Norden und verabschiede mich von dem alten Kontinent: »Auf Wiedersehen, Europa!« Was werden wohl die nächsten drei Wochen bringen?

Einschiffung: Die Trucks fahren in den Bauch der »Scirocco«.

Afrika – Das

Prinzip Hoffnung zwischen Meer und Wüste

Durch die Glut der Westsahara

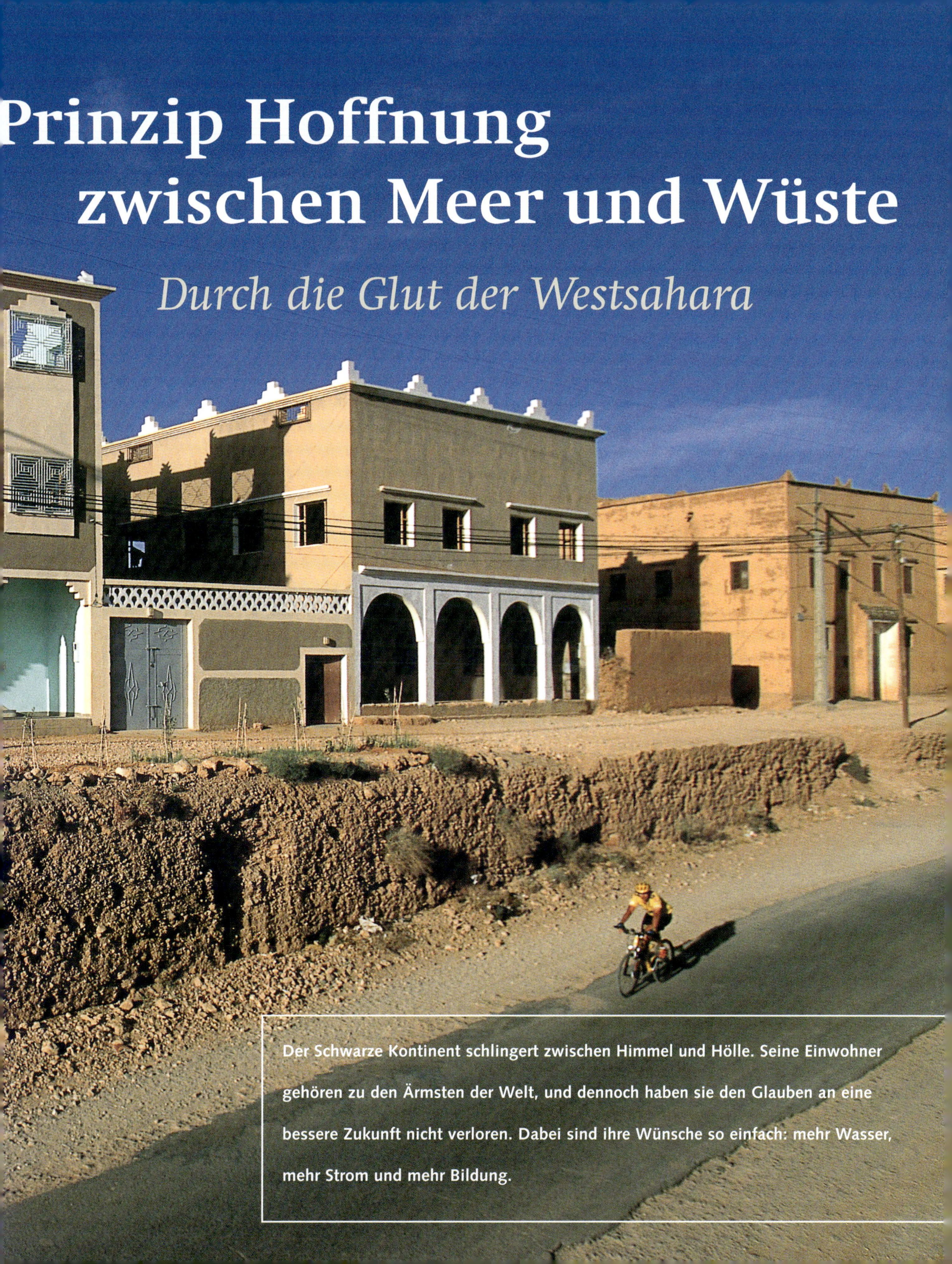

Der Schwarze Kontinent schlingert zwischen Himmel und Hölle. Seine Einwohner gehören zu den Ärmsten der Welt, und dennoch haben sie den Glauben an eine bessere Zukunft nicht verloren. Dabei sind ihre Wünsche so einfach: mehr Wasser, mehr Strom und mehr Bildung.

Inschallah! Nach sieben Stunden Überfahrt sind wir in Afrika. Wir haben die Zeit zum Entspannen genutzt – wunderbare Momente bei strahlend blauem Himmel und ruhiger See. Einige nehmen ein Sonnenbad an Deck, andere halten Siesta in der Koje. Jeder hat sich auf seine Weise vorbereitet, um die Etappen in der sengenden Hitze Afrikas zu bestehen.

Von Nador aus bewegt sich die Tour südlich des Atlasgebirges in Richtung Agadir an der Atlantikküste. Die ersten Tage in einer völlig neuen Klimazone sind die wichtigsten. Das haben mir die früheren Touren gezeigt: Ohne eine richtige Akklimatisierung werden die extrem heißen und trockenen Tage der anstehenden Westsahara-Etappe zur »Hölle«. Aber vielleicht sorgt der Regenmacher noch für eine Überraschung.

»Auf Wiedersehen! Ich muss weiter.« Abschied von Kindern in einem Dorf bei Guercif.

11 | 5 | 2000

12 | 5 | 2000

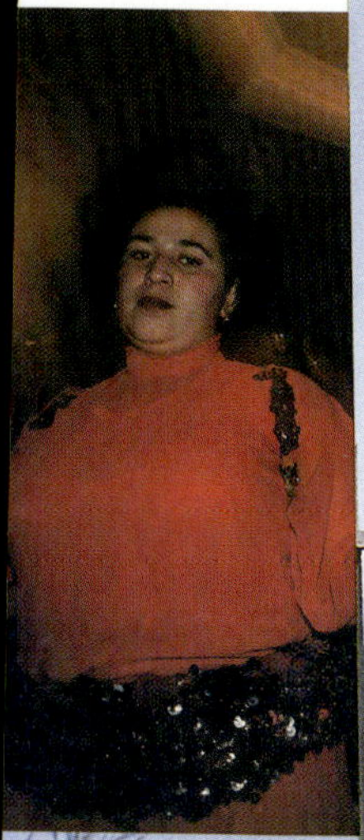

Zollprobleme mit dem Unimog

Um den Zeitplan nicht zu gefährden, starte ich bereits um 5 Uhr morgens zur 350 Kilometer langen Tagesetappe von Nador nach Guercif. Die ersten Ausläufer des Atlasgebirges und eine wüstenähnliche Landschaft machen bei 35 Grad Celsius im Schatten das Radeln nicht unbedingt angenehm. Jeder Tritt fällt schwer, und die Muskeln sind hart wie Beton. Zwischendurch wandern meine Gedanken zum Unimog: »Was werden wir tun, wenn das Fahrzeug nicht ins Land darf?« Während in Nador die Verhandlungen laufen, freue ich mich über den Rückenwind, der mich auf meinem Weg nach Guercif begleitet. Bei einem Stopp wird mein Rad neugierig von den Kindern eines der vielen Dörfer am Rand der Strecke bestaunt. Gegen 18 Uhr wird das Etappenziel erreicht: Guercif.

Zwei Mann unseres Team sind in Nador, um den Unimog freizubekommen. Eine verzwickte Situation: Die Botschaft braucht Kopien sämtlicher Fahrzeug-Unterlagen. Diese Dokumente hält jedoch der Zoll unter Verschluss. Dann endlich liegen der Botschaft die Kopien vor. Die Zeit drängt. Bis 15 Uhr ist die Zollbehörde ohnehin nicht besetzt. Die große Frage ist, ob an einem Freitagnachmittag überhaupt etwas bewegt werden kann. Der Tag vergeht. Um 18 Uhr liegt noch keine Nachricht aus der Hauptstadt Rabat vor. Zur Sicherheit rufen wir noch einmal die Botschaft an. Und siehe da! Das Unerwartete ist eingetreten. Die Zollbehörde in Rabat hat um 17.40 Uhr ein Fax an die Kollegen in Nador geschickt. Um 20 Uhr darf der Unimog den Hafen von Nador verlassen – Erleichterung.

Als die Unimog-Crew gegen 23 Uhr im Hotel in Guercif eintrifft, schlafen die anderen schon. Umso größer ist die Freude am nächsten Tag: Endlich ist das Team wieder komplett! Die »Bike-the-Future«-Tour kann planmäßig fortgesetzt werden.

Eine Grenzstation mitten in der Wüste. Von hier aus geht es schnurstracks durch die sengende Glut der Westsahara.

Verkehrshindernis in der Wüste: eine Kamelherde flüchtet vor dem Unbekannten im gelben Trikot.

»... Zukunft ist das, was noch nicht ist, uns heute Angst macht und morgen schon Vergangenheit ist. Sie ist festgelegt und doch das einzige, was wir Menschen beeinflussen können ...«

Martina (19 Jahre) aus Deutschland

Die Minen bei Midelt

Am nächsten Morgen mache ich mich schon wieder sehr früh auf den Weg: Zwei Pässe und 280 Kilometer liegen vor mir. Während ich in die Pedale trete, zeigt die Familie Jaouad meiner Frau und einem Teil des Teams eine verlassene Minenstadt, die 25 Kilometer außerhalb von Midelt liegt. Bis Mitte der 70er Jahre war die Stadt ein bedeutendes Bergbauzentrum für Kupfer, Zinn und Blei. Als die französischen Betreiber die Minen wegen Unrentabilität schließen mussten, standen die 50.000 Einwohner von Midelt vor dem Nichts: Seitdem herrscht in der Region eine sehr hohe Arbeitslosigkeit. Nur der Handel mit Mineralien bringt heute noch ein paar Menschen Lohn und Brot.

Die Fahrt zu einer der verlassenen Minen ist abenteuerlich. Durch enge Schluchten windet sich die alte Straße hinab. Die baufälligen Brücken sind mit alten Holzbalken belegt, die nur wenig breiter sind als der Unimog. Nach einer kurzen Prüfung der Konstruktion vertraut ihr das Team die 6,5 Tonnen des Fahrzeugs an – und sie hält!

»... Zukunft – das ist alles und nichts. Zusammen sein und allein sein, schwitzen und frieren, reden und schweigen, feiern und in sich gehen ... Wir werden sehen, wie die Zukunft wird, wenn wir sie erreichen, obwohl sie immer vor uns sein wird ...«

Sebastian (21 Jahre) aus Deutschland

14 | 5 | 2000

15 | 5 | 2000

Picknick am Straßenrand mit Tee, Melonen und Fladenbrot.

»... Ich habe die Hoffnung, dass die Zukunft schöner wird als die Vergangenheit und die Gegenwart, aber auch dass die schönen Dinge erhalten bleiben. Meine Vision ist die Hoffnung, die Hoffnung auf eine mehrheitliche positive Zukunft für alle Menschen dieser Welt ...«

Andrea (19 Jahre) aus Deutschland

Die Minenstadt ist eng an die steilen Wände der Schlucht gebaut und zeugt vom Glanz vergangener Tage. Die französischen Angestellten residierten hier wie Kolonialherren: Villen für die Direktoren, Schwimmbad und Festsaal für die Angestellten – es fehlte an nichts. Heute lebt hier nur noch die Familie des marokkanischen Aufsehers, denn das Gebiet ist nach wie vor in französischem Besitz. Die anschließende Einladung bei einer alten Berberfrau zu einem Minztee rundet diesen Ausflug ab. Ihre Wünsche an die Zukunft sind sehr einfach: eine bessere Straße nach Midelt, um ihre Erzeugnisse schneller zum Markt bringen zu können.

Ich trete unterdessen kräftig in die Pedale. Über 15 Kilometer zieht sich der Aufstieg zum ersten Pass auf 1.900 Meter Höhe. Eine grandiose Aussicht und eine lange Abfahrt sind der Lohn. Durch die Schlucht von Ziz geht es weiter zwischen schönen Palm-Oasen und den hoch aufragenden kahlen Hängen des Atlas. Ein zweiter kleiner Pass testet noch einmal meine Wadenmuskulatur. Ein kräftiger Rückenwind bringt mich über die weiten Ebenen bis kurz vors Etappenziel in Tinerhir. Auf den letzten Kilometern wechsele ich aufs Mountainbike, weil die Straße erneuert wird und die lange Umleitung nicht geteert ist.

Der Zorn des Wettergottes

Für heute sind moderate 170 Kilometer vorgesehen, weil meine Familie von Ouarzazate aus Richtung Heimat aufbricht, will ich die letzten Stunden mit ihnen verbringen. Aber zunächst stellt mich der Wettergott auf eine harte Probe. Nach einem kurzen Abstecher in die Dades-Schlucht schickt er mir ab Mittag einen kräftigen Gegenwind, der kurz vorm Ziel sogar noch eine Menge Sand aufwirbelt. Zahlreiche Straßenbauarbeiten bringen ebenfalls viel Staub und fordern ihren Tribut in Form von Reifendefekten. Auch ein deutscher Motorradfahrer steht mit einem platten Vorderrad am Straßenrand. Kein Problem, denn schließlich hat der Unimog einen Reifenfüllanschluss. Aber obwohl die Luftanlage mit 20 bar gefüllt ist, kommt nicht der Hauch eines Luftzuges in den Schlauch. Da die Mobiltelefone hier noch funktionieren, informiert sich das Team beim Werk in Gaggenau. Die Lösung ist simpel, und kurz darauf kann der Motorradfahrer bis zum nächsten Reifenflickshop rollen. Alle sind zufrieden, und die Crew kann mir nach Ouarzazate folgen. Eine letzte luxuriöse Übernachtung im Club Hanane: Die nächsten zehn Tage werden wir auf solche Annehmlichkeiten verzichten müssen.

Hitze, Sand und freundliche Begleiter auf der Tour durch Marokko.

Der Gegenwind und die Hitze sind die größten Gegner auf der Strecke Richtung Taliouine.

Mein Sohn Felix reicht mir Proviant durch das Fenster.

Abschied von der Familie

Für mich ist es heute ein harter Tag. Um 5 Uhr bringe ich meine Familie zum Flughafen in Ouarzazate. Fast zwei Monate werde ich meine Frau und meine beiden Kinder nicht sehen. Meine Frau Renate muss ab sofort daheim alles allein managen, z.B. den Bau unseres neuen Zentrums in Ungerthal. Ich fühle mich sauelend, weil ich sie damit allein lasse. Wenn alles gut läuft, werde ich die drei im Juli in der Türkei wiedersehen.

Die Etappe selbst ist heute nur 200 Kilometer lang, dafür muss ich mich aber über drei Pässe zwischen 1.650 und 1.886 Meter Höhe kämpfen. Am späten Vormittag setzt wieder der starke Gegenwind ein, der mir schon seit Tagen zu schaffen macht. Insgeheim verfluche ich ihn und denke manchmal: »Wenn es doch nur einen gäbe, der den Herrn der Winde gnädig stimmt, damit ich nicht weiter gegen ihn ankämpfen muss.« Der Kampf ist kräftezehrend und trübt den Blick auf die grandiose Landschaft.

Nach der Ankunft in Taliouine bleibt nur Zeit für die Dusche, dann wartet der Live-Chat mit den Usern von www. evita.de. Die anfängliche Skepsis, welche Art von Fragen wohl auf mich und das Team warten würden, ist schnell verflogen. Wir haben richtig Spaß. Es fasziniert mich, wie man heute mit der modernen Technik von jedem Ort der Welt aus miteinander kommunizieren kann.

Ein kurzer Blick: Ich habe leider nur wenig Zeit für den Berber.

Hoffnungen in den Arganebaum

Um 4.30 Uhr ist die Nachtruhe vorbei. Der heftige Gegenwind der vergangenen Tage zwingt mich früh auf die fast 300 Kilometer lange Strecke. Ich will möglichst viele Kilometer in den ruhigen Morgenstunden zurücklegen. Leider ist es um diese Zeit in den Ausläufern des Atlasgebirges sehr kühl, aber immer noch besser als der Wind.

Die Tour durchquert hier eine Region, die 1998 von der UNESCO zum Reservat innerhalb des »Mensch-und-Biosphäre«-Programms ernannt wurde. Hier wächst der Arganebaum, der nur in Marokko gedeiht und eine sehr produktive Baumart ist. Er liefert neben Holz vor allem Früchte, die sowohl Speiseöl als auch Inhaltsstoffe für Medikamente und Kosmetika liefern. In der Vergangenheit wurde ziemlicher Raubbau betrieben, und die Bestände gingen rapide zurück. Drastisch sinkende Einnahmen für die lokale Bevölkerung und starke Erosion der Böden waren die Folge.

Obwohl unser Besuch für die Menschen völlig überraschend kommt, ist die Aufnahme und Gastfreundschaft umwerfend herzlich. Sie sind sehr stolz auf ihr Projekt und zeigen uns mit Freude die ersten positiven Entwicklungen. Die Frage nach ihren Wünschen für die Zukunft beantworten fast alle einheitlich: eine bessere Straße, eine gesicherte Versorgung mit Trinkwasser, Elektrizität und ein regelmäßiges Einkommen, damit ihre Kinder zukünftig eine Chance in der Region haben. Was für Westeuropäer eigentlich schon als Selbstverständlichkeit gilt, ist für die Menschen am Rande der Sahara noch eine große Erwartung an die Zukunft.

»... Mit 13 Jahren will ich Tierarzt werden und mit 30 Jahren Boxer. Mit 20 Jahren kaufe ich mir einen Ferrari, mit 10 Jahren bin ich berühmt und mit 90 Jahren Opa. Vielleicht werde ich 100 Jahre alt ...«

Patrick (7 Jahre) aus Deutschland

17 | 5 | 2000

Drei Jahre ohne

Wir passieren Agad
es südwärts in Rich
Das heutige Etappe
Plage, ein kleines D
küste. Vom Überna
aus fahre ich zunäc
landschaftlich reizvo
an der Küste entlan
wieder auf die Hau
Die 300 Kilometer s
dafür sind die Temp
Küste angenehm, u
sich entschieden, in
tung zu blasen. Der
wind lässt meine Sti

Als wir ein weite
EXPO-Projekt »Erha
mische Entwicklung
Ökosystems« besuc
him, ein marokkanis

»... Ich ziehe mit meinen Freunden in eine Villa. Ich habe einen Teich mit vielen Fischen und zwei Schildkröten. Im Garten ist eine Schaukel und ein Klettergerüst ...«

Sabrina (7 Jahre) aus Deutschland

Eine Oase in der Wüste: auf den ersten Blick ein Paradies, doch für die Menschen hier alles andere als ein Idyll.

schon bald Einzug halten. Den zweiten Wunsch kann jedoch selbst ich, der »Regenmacher« Hubert Schwarz, nicht erfüllen.

Kakerlaken und Schiffswracks

Das Hotel »Les Marines« in Tan-Tan-Plage ist für das Team ein »Erlebnis der besonderen Art«. Das Personal ist freundlich und das Essen akzeptabel, aber die hygienischen Verhältnisse sind alles andere als sauber. Während wir essen, rennt eine dicke, fette Kakerlake durchs Restaurant. Die Bedienung erhebt sich kurz und erlöst das Insekt mit einem gezielten Tritt und dem entsprechenden knackenden Geräusch von seinem irdischen Dasein. Die nächste Kakerlake spaziert direkt unter unseren Tisch. Aber wir wissen jetzt, was zu tun ist. Man passt sich ja gern an.
Seit gestern haben wir Probleme mit dem Autokühlschrank. Zuerst scheint nur die Batterie am Ende ihrer Kräfte zu sein. Nachdem der Kühlschrank über Nacht aufgeladen worden ist, signalisiert das Ladegerät immer noch »low battery power«. Eine gezielte Fehlersuche setzt ein. Die Crew kommt zum Ergebnis, dass es der Kühlschrank ist, der ausgerechnet jetzt, als es in die heiße Westsahara geht, seinen Dienst quittiert.

Bisher sind die Temperaturen bei 30 Grad Celsius recht angenehm, aber weiter südlich in Mauretanien wird es deutlich wärmer werden – und da wäre ein kühles Getränk nicht schlecht.

Dann muss es eben wie in der guten alten Zeit gehen: Die Flaschen werden in nasse Leinensäcke eingewickelt, die Verdunstungskälte kühlt die Getränke. Südlich von Tan-Tan wird das Gelände flacher und monotoner. Die Straße führt teilweise in endlos langen Geraden durch eine Wüstenlandschaft, die durchsetzt ist mit Steinen und kleinen Grasinseln. Einzige Abwechselung bietet die steile Felsküste, die immer wieder schöne Ausblicke auf den Atlantik freigibt. Unzählige gestrandete Schiffswracks liegen hier. Leider habe ich keine Zeit, um eine kurze Pause einzulegen, denn die 310 Kilometer bis Laayoune müssen trotz des Rückenwinds erst einmal zurückgelegt werden.

Campieren unterm Vollmond

Laayoune war früher die Hauptstadt der Westsahara, und dementsprechend gut ist ihre Infrastruktur. Da das Gebiet heute von Marokko annektiert ist und unter UN-Beobachtung steht, wimmelt es in der Stadt von Militär- und UN-Fahrzeugen. Filmen und Fotografieren ist hier und weiter südlich streng verboten. Da die nächste Stadt 550 Kilometer entfernt ist, campieren wir im Freien. Dafür suchen wir uns einen schönen Platz am Meer. Ein traumhafter Sonnenuntergang entschädigt mich für die Strapazen der zurückliegenden Tage. Bei Vollmond sitzen einige aus dem Team an der Felsküste und lassen sich den Wind um die Nase wehen. Durch den kalten Kanarenstrom wird es eine angenehm kühle und windige Nacht. Jeder sucht sich seinen Platz für die Nacht, ob im Auto, auf dem Auto oder in der freien Natur. Am nächsten Morgen sind die Schlafsäcke und Isomatten vom Tau der Nacht ziemlich durchnässt; trotzdem war es für alle die bisher schönste Übernachtung.

Nach der unspektakulären Tagesetappe nach Dahkla quartieren wir uns für zwei Nächte in einem kleinen Hotel direkt am Meer ein. Hier bereiten wir uns für den Grenzübergang nach Mauretanien vor und erledigen alle dafür notwendigen Formalitäten.

Der heutige Tag ist für alle ein Zwangsruhetag. Man kann die letzten 370 Kilometer bis zur Grenze nach Mauretanien nur in einem Militärkonvoi erreichen. Dieser geht jeden Dienstag und Freitag von Dahkla aus. Am Vortag müssen alle Formalitäten erledigt werden. Zuerst begibt man sich zur Sicherheitspolizei. Hier werden alle Passdaten auf einen gelben Zettel übertragen. Danach geht es zur Armee, wo man sich mit einem Passbild für den Konvoi eintragen muss. Die dritte Station ist der Zoll, bei dem eine weitere Liste für uns bereitliegt. Wir haben Glück, dass es nur 25 Autos im Konvoi sind und wir gegen 13 Uhr alle unsere Papiere zusammenhaben.

Den Nachmittag nutzt das Team zur Vorbereitung der Fahrzeuge. Der Proviant wird zusammengestellt, die Wasservorräte aufgefüllt und alles noch einmal durchgesehen. Die nächsten Tage werden wir in Mauretanien keine Möglichkeit haben, uns zu versorgen. 600 Liter Wasser und 1.000 Liter Diesel hat unser Unimog jetzt an Bord. Das sollte für die nächsten Tage reichen. Nach der Arbeit gönnen wir uns ein Fischessen in einem Restaurant. Ab morgen sind wir dann auf unsere Kochkünste angewiesen.

Für mich kommt der Ruhetag wie gerufen. Die letzten Tage mit jeweils 300 Kilometern gehen nicht spurlos an einem vorüber. Gegen Mittag werde ich schon wieder unruhig, weil mich die Frage bohrt, ob ich morgen überhaupt aufs Rad steigen darf. Der Militärchef hat uns zwar versprochen, dass ich vor dem Konvoi starten darf, und erst wenn uns dieser einholt, ich ins Auto steigen muss. Aber ob er sich morgen noch daran erinnern wird? Jedenfalls findet meine sportliche Leistung und mein Engagement für die Kinder dieser Welt ein offenes Ohr bei dem marokkanischen Offizier.

Im Konvoi mit Autoschiebern und Händlern

Um 8 Uhr finden wir uns am Checkpoint ein, wo sich der Konvoi sammelt. Die Militärs von gestern sind auch da und erinnern sich an ihr Versprechen. Allerdings warten wir noch auf den Zoll und die Sicherheitspolizei. Gegen 10 Uhr ist es so weit. Wir bekommen noch ein Begleitschreiben, damit wir die nächsten Kontrollen passieren können, und los gehts. Ein kräftiger Rückenwind lässt mich mehr als 100 Kilometer radeln, bis uns der Konvoi einholt. Immer noch besser als gar nicht geradelt.

Eine moderne Karawane: der Autokonvoi in Richtung mauretanische Grenze.

Der Konvoi besteht überwiegend aus Autoschiebern, die ihre Fahrzeuge in Mauretanien und Gambia verkaufen wollen. Der Rest sind mauretanische Händler mit ihren Pick-ups, die sich in Marokko mit Ware eingedeckt haben. Der Konvoi fährt recht zügig die restlichen 300 Kilometer zur Grenze. Hier wird ein großes gemeinsames Nachtlager direkt neben dem Grenzfort aufgeschlagen. Bei einem Bremsmanöver im Konvoi kommt es zu einem kleinen Zwischenfall: Die Fahrerin eines Peugeot bremst zu spät und versucht zwischen dem Unimog und dem vorausfahrenden Fahrzeug durchzufahren. Leider streift sie dabei die vordere Stoßstange unseres Begleitfahrzeuges. Man muss schon genau hinsehen, um überhaupt einen Kratzer am Unimog zu entdecken. Beim Peugeot sieht es leider etwas anders aus. Die rechte Seite ist mehr als einen Dreiviertelmeter wie eine Konservendose aufgeschlitzt! Niemand ist verletzt worden. Es hätte schlimmer kommen können. Franzosen sehen eben vieles gelassener.

Im Niemandsland der Westsahara warnen Schilder vor den Minenfeldern.

Relikte eines vergessenen Krieges: Minenfelder!

Wir verlassen Marokko und durchfahren den Minengürtel nach Mauretanien. Minen! Schon ein mulmiges Gefühl, zu wissen, dass rechts und links der Piste tödliche Gefahren lauern. Hoffentlich geht alles gut.

Wir stehen kurz nach 7 Uhr in der Schlange an der Grenzstation. Keiner weiß, wie lange es dauern wird, bis die Pässe ausgeteilt werden. Gegen 10 Uhr geht es im Konvoi durch vermintes Niemandsland. Das lange Warten macht mich ungeduldig. Viel unruhiger macht mich jedoch die Situation, in der wir uns befinden. »Was versteht man unter einem Minenfeld? Was erwartet uns?« Nach einer kurzen Strecke sehen wir erste Warnschilder und ein Autowrack – zerstört durch eine Mine.

Dank des Allradantriebes zieht der Unimog zahlreiche Autoschieberautos aus dem Sand. Endlich ist der mauretanische Grenzposten – ein einfaches Zelt – in Sicht. Glaubten wir, in Marokko schon in einem armen Land zu sein, ändert sich unsere westliche Sichtweise in Mauretanien gewaltig. Mauretanien zählt zu den ärmsten Ländern der Erde. Die islamische Republik ist fast dreimal so groß wie Deutschland, hat aber nur zweieinhalb Millionen Einwohner, die sich größtenteils von Viehzucht und Fischfang ernähren.

Für Kameramann Frank und Fotograf Dirk wird die Arbeit gefährlich, weil Militär und Polizei das Filmen und Fotografieren strikt untersagen. Mit Hilfe des GPS und russischer Militärkarten, die wir auf CD-ROM dabeihaben, können wir die Route auf unseren Notebooks exakt nachvollziehen. So wird die Fahrt durch das verminte Gebiet zum kalkulierten Risiko. Endlose 500 Kilometer auf weichen Sandpisten durch die Wüste entlang der mauretanischen Eisenbahnlinie. Bei einem Stopp stellen wir fest, dass aus dem Kofferaufbau des Unimogs literweise kostbares Trinkwasser läuft. Der Wassertank hat die ersten Strapazen der Sahara nicht überstanden. Das Team versucht, das Trinkwasser mit allen vorhandenen Gefäßen zu retten. Mehr als die Hälfte des Wassers versickert im Wüstenboden. Das

Momentaufnahmen in der Wüste: Hubert am Telefon (links) sowie Alt und Jung (unten).

Pech reißt an diesem Tag nicht ab: Beim Aufstellen unseres Satellitentelefons können wir keine Verbindung aufbauen. Die Systeme werden doppelt gecheckt. Alle Anzeigen der Anlage sind auf normalen Parametern. Wo liegt der Fehler? Durch den Ausfall der Kommunikationsanlage sind wir auch von unseren täglichen Informationen via E-Mail abgeschnitten. Auch unserem Büro in Deutschland können wir nicht mitteilen, dass wir das Grenzgebiet und das damit verbundene Minenfeld passiert haben. Unsere Freunde und Verwandten in der Heimat bangen um uns, und wir müssen weiterziehen.

»... Vielleicht sollte die Welt sich mehr Sorgen machen über Krieg, Gewalt und Natur. Denn es scheint, dass diese drei Themen keine gute Perspektive haben ...«

Thomas Martin Koszka (14 Jahre) aus São Paulo/Brasilien

»... dass die Welt besser wird und Menschen in Frieden leben können. Und vor allen Dingen, dass Kinder nicht hungern müssen oder gewalttätig erzogen werden ...«

Sarah (9 Jahre) aus Deutschland

»... Wenn es mit der Umweltverschmutzung so weitergeht, wird der ganze Himmel in ca. 25 Jahren nur noch aus Abgasen bestehen. Das Ozonloch wird in ca. 75 Jahren so groß sein wie ganz Asien ...«

Christian Bartelt, 7. Klasse Deutsche Schule in Shanghai

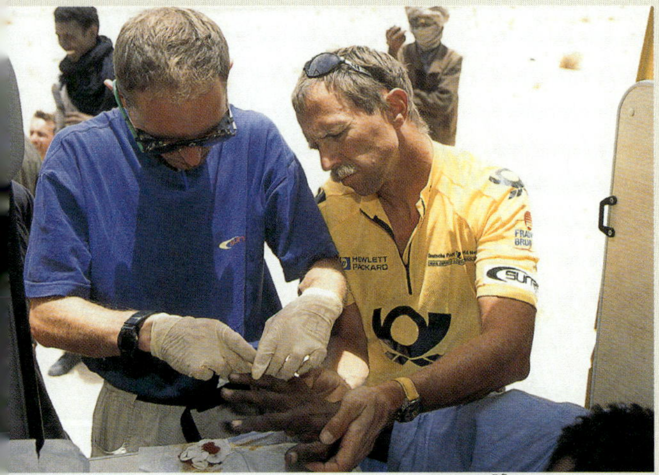

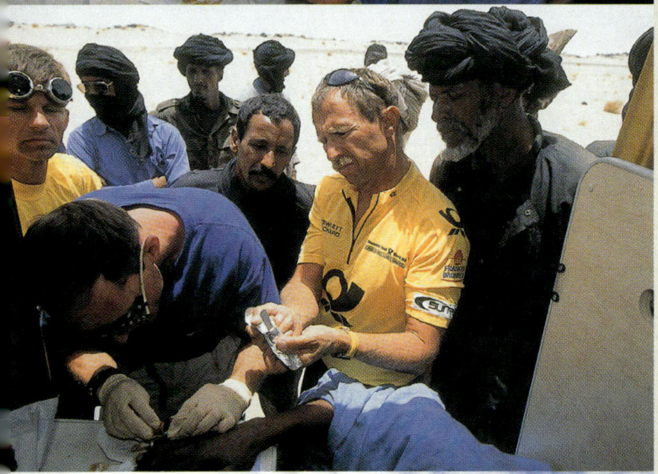

Operation gelungen! Doc Franky leistet erste Hilfe. Danach hatten wir wieder einmal neue Freunde gefunden.

Notoperation mit lokaler Betäubung

Entlang der Eisenerzbahn kämpfen wir uns weiter ins Landesinnere vor. Hier im Norden Mauretaniens hat man 750 Kilometer Schienen in die Wüste gelegt. Darauf wird das Eisenerz vom Hinterland zur Verschiffung an die Küste transportiert. Seit gestern bläst uns ein starker Wüstenwind permanent den Sand ins Gesicht.

Chinguetti – eines der sieben Heiligtümer des Islam.

In den Haaren, den Augen und im Mund – überall knirscht es. Selbst in der Nacht weht es unvermindert weiter. Der Sand wird immer weicher, und der Unimog bekommt als Bergefahrzeug einiges zu tun. Für ihn scheint es kaum ein Hindernis zu geben. Für mich ist es hier unmöglich zu radeln. Wir lernen Laurent kennen. Er ist Franzose und umrundet ebenfalls die Welt mit dem Fahrrad. Er reist mit einem Spezialanhänger und hat für sein Projekt drei Jahre Zeit. Dankbar nimmt er das Angebot an, bei uns mitzufahren. Um schneller voranzukommen, fahren wir am Bahndamm entlang. Ein zerfetzter Reifen ist der Tribut. Hier verkehren die längsten Erzzüge der Welt, und wir hoffen, dass uns keiner von den Gleisen schiebt. Aber alles geht gut.

Der längste Zug, dem wir begegnen, hat mehr als 250 Waggons. Die Züge versorgen nebenbei die Kamelhirten mit Wasser, indem sie ihnen die Zisternen füllen. Wir kommen zu einem dieser Stopps, und die zunächst ablehnende Haltung der Zugbesatzung ändert sich sofort, als Doc Franky einen dick entzündeten Finger unter lokaler Betäubung behandelt. Gegen Abend ereilt uns der zweite Plattfuß, und wir errichten unser Nachtlager. Zur Stärkung gibt es für jeden noch ein Travelmenü, doch vor dem Schlafen ist erst noch Reifenflicken angesagt.

»... dass kein Mensch auf der Welt hungern und nicht mehr früh sterben muss. Alle Kinder sollen zur Schule gehen dürfen und nicht mehr in Armut leben ...« Anika (8 Jahre) aus Hannover/Deutschland

In Chinguetti begräbt der Wüstensand eine Stadt mit Kultur und Geschichte.

Ein Heiligtum im Würgegriff der Dünen

Nach zwei Tagen mit reichlich Sand haben wir wieder festen Boden unter den Rädern. Ich erklimme mit meinem Mountainbike zwei steile Pässe auf dem Weg von Choum nach Atar. Große Felsbrocken und Steinstufen auf unbefestigter Piste erschweren das Ganze. In Atar hat mein Begleitfahrzeug plötzlich keine Leistung mehr. Wir schließen das Diagnosesystem an, aber der Zugangscode ist nicht mehr gültig. Per Satellitentelefon – Gespräche sind inzwischen wieder möglich – holen wir uns bei Mercedes den neuen Code. Michael und Uwe bleiben in Atar und versuchen, den Wagen flottzumachen. Der Rest der Crew macht sich auf den Weg nach Chinguetti. Auf dem Weg liegt ein weiterer Pass, der früher extrem felsig und ausgewaschen war, seit zwei Monaten aber geteert ist. Ich sprinte mit dem Rad regelrecht hinauf. Durch die Zwangspause ist meine Kondition wieder absolut top.

Chinguetti ist eine der sieben heiligen Städte des Islam und war früher ein bedeutender Karawanenknotenpunkt. Heute steht der Ort als »Weltkulturerbe« unter dem Schutz der UNESCO. Seit etwa 25 Jahren ist Chinguetti einer zunehmenden Bedrohung durch Dünen ausgesetzt. Direkt hinter der Oase beginnt ein Dünenmeer, das weit mehr als 1.000 Kilometer bis nach Mali und Algerien reicht. Ein imposanter Anblick bei Sonnenuntergang, doch das faszinierende Bild täuscht über die Dramatik dieser Entwicklung hinweg. Viele Häuser sind bereits verschüttet oder vom Sand bedroht. Von ehemals 20.000 Einwohnern leben hier heute nur noch 1.500.

Mit der Stadt versinken Kulturschätze von unermesslichem Wert. Das heute vergessene Chinguetti war früher ein Zentrum von Dichtern und Gelehrten

Unser Herbergsbesitzer erzählt uns am Abend von seiner Kindheit in Chinguetti.

sowie Treffpunkt von Karawanen und Mekka-Reisenden. Die Pilger brachten Schriften aus Marokko, Tunesien, Ägypten, Libanon oder dem maurischen Spanien in die Stadt. Die Manuskripte deckten alle Bereiche der Wissenschaften ab, von der Medizin bis hin zur arabischen Grammatik. Die ältesten dieser Schriften sind nach Schätzungen von Experten 1.000 Jahre alt.

Aus der Oase in die brütende Hitze

Nach einer lauen Nacht im Freien spazieren wir morgens durch Chinguetti in Begleitung des Herbergsbesitzer. Der Sand hat bereits die Höhe der Dachterrassen erreicht. Alte Eingangstüren aus dem 13. Jahrhundert ragen nur wenige Zentimeter aus dem Sand. Aus einer Sandverwehung steht ein Stück Mauer hervor. Unser Begleiter erklärt uns, dass dies vor 20 Jahren sein Elternhaus war und wir mitten in seinem damaligen Schlafzimmer stehen. Das alte Chinguetti besaß früher 15 Universitäten, 12 Moscheen und zahlreiche Bibliotheken.

Nach einem Abschiedsgeschenk verlassen wir tief beeindruckt die Oase. In Atar überraschen uns Uwe und Michael mit der Meldung, dass der Mercedes Sprinter wieder voll einsatzbereit ist. Eine defekte Unterdruckleitung war der Übeltäter. Ich schwinge mich aufs Rad und mache noch gut 250 Kilometer bei brütender Hitze. Die Straße von Atar bis zur Hauptstadt Nouakchott ist geteert, topfeben, und es geht fast nur geradeaus. 45 Grad Celsius im nicht vorhandenen Schatten und ein Wind wie aus einem Fön lassen 15 Liter Flüssigkeit durch meinen Körper laufen.

Heuschrecken bedrohen die Existenz der Menschen in Mauretanien.

Gegen 5 Uhr früh sitze ich schon wieder im Sattel, um der Mittagshitze zu entgehen. Die Landschaft bleibt monoton, und es liegt viel Sand in der Luft. Weiße Sanddünen beginnen die neue Straße zuzuwehen. Gegen 13.30 Uhr erreichen wir Nouakchott, die Hauptstadt Mauretaniens. Nach einer Dusche im Hotel besichtigen wir ein EXPO-Projekt, in das Mauretanien große Hoffnungen setzt. Das Land leidet regelmäßig unter einer großen Heuschreckenplage. Sie treten in riesigen Schwärmen auf, verdunkeln den Himmel und fressen alles, was auch nur annähernd grün ist. Für ein ohnehin schon armes und von Desertifikation betroffenes Land ist das ein existenzbedrohendes Problem. Das Projekt untersucht, wie man die Heuschrecken am besten bekämpfen kann. Im ganzen Land sind Beobachter, die einfallende Schwärme sofort melden, um diese rechtzeitig zu bekämpfen. Heuschrecken kennen eben keine Landesgrenzen.

Zu den traditionellen Methoden gehört das Anlegen von Lagerfeuern. Die Heuschrecken werden durch das Licht angelockt und verbrennen. Bei den unvorstellbaren Ausmaßen der Schwärme ein ziemlich aussichtsloses Unterfangen. Die moderne Methode sind Spritzmittel, die mit Flugzeugen verteilt werden, das ist wiederum sehr teuer. Der Einsatz von Spritzmitteln wird jedoch als einzige Möglichkeit gesehen, der Plage Herr zu werden.

Stopp bei den Postfliegern

Der Empfang am Vorabend in der Deutschen Botschaft von Nouakchott war eine willkommene Abwechselung nach den Outdoor-Tagen in der mauretanischen Sahara. Doch am nächsten Morgen bin ich schon wieder auf dem Rad in Richtung Senegal unterwegs. Heute sind es 200 Kilometer bis zur Grenze am Fluß Senegal. Die Fähre dort verkehrt normalerweise zweimal täglich, aber da es eine deutsche Fähre ist, und sie von deutschen Technikern gewartet wird, genügt ein Anruf der Botschaft, und wir bekommen eine Sonderfahrt mit zügiger Grenzabfertigung. Die senegalesische Seite ist von unserer außerplanmäßigen Ankunft nicht gerade erfreut und verlangt eine Sondergebühr. Wir bleiben stur, und stattdessen bekommt jeder eine Kappe. Für die gesamte Grenzabfertigung benötigen wir fast drei Stunden. No hurry in Africa!

Die letzten 100 Kilometer bis St. Louis werden wir von Wegelagerern in Uniform mit immer neuen Ausreden angehalten, um an unser Geld oder ein »Geschenk« zu kommen. Das nervt ganz gewaltig. In St. Louis übernachten wir im Hotel de la Poste. Es diente früher als Postgebäude und den Postfliegern auf ihrem Weg nach Südamerika als Station für einen Zwischenstopp. Überall in dem historischen Gebäude findet man Erinnerungen an die große Zeit der Postflieger.

»... Ich wünsche mir eine heile Welt, in der ich nicht nach meinem Aussehen und meiner Hautfarbe beurteilt werde ...«

Stefanie (8 Jahre) aus Nürnberg/Deutschland

Ein neugieriger Blick in unseren Unimog am Wegesrand im Senegal.

Kulisse aus fernen Zeiten

St. Louis ist eine der ältesten Städte an der Westküste Afrikas, die von den Kolonialmächten gegründet wurden. Das gesamte Stadtbild könnte als eine Filmkulisse für die Kolonialzeit dienen. Leider verfällt sehr viel. Bei einem abendlichen Rundgang genießen wir die kulturhistorische Ausstrahlung der Stadt. Früh am Morgen geht es leider schon wieder los in Richtung Dakar, der Hauptstadt des Senegal und gleichzeitig dem Endpunkt unserer Tour d´Afrique. Die Vegetation hat sich in eine Baumsavanne mit Maniokfeldern gewandelt, die geprägt ist von Akazien, Mangobäumen und dem typisch afrikanischen Affenbrotbaum, dem Baobab.

Man spürt auch deutlich den Wechsel vom islamisch geprägten Mauretanien zum typisch bunten westafrikanischen Treiben. Jeder Ort entlang der Straße scheint ein einziger Marktplatz zu sein. Ich genieße die Abwechselung auf diesen 250 Kilometern, erst die letzten Kilometer vor Dakar steige ich freiwillig ins Auto, denn ein Radfahrer hat in dem Verkehrschaos der Metropole keine Chance. In Dakar führt uns der erste Weg zum Flughafen, um die Verladung der Fahrzeuge nach Brasilien abzuklären. Aus Deutschland sind extra drei Mitarbeiter von der Lufthansa Cargo angereist, damit nichts

Ein freundliches Wort beim Obstkauf.

dem Zufall überlassen bleibt. Auch das Verzurrmaterial und die Paletten sind bereits vor Ort. Wir beginnen umgehend mit der Palettierung des Unimogs und der beiden anderen Fahrzeuge. Nach vier Stunden haben wir mit vereinten Kräften die Fahrzeuge verzurrt, sehr zum Erstaunen der umstehenden Senegalesen. Der Flieger kann kommen!

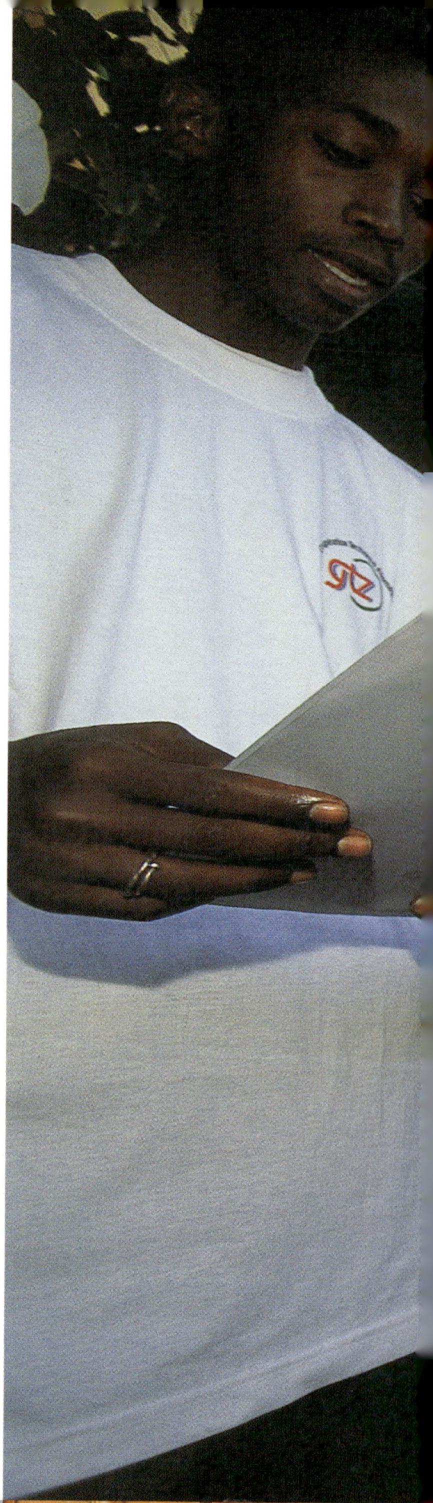

Aufmerksam hört Hubert Schwarz den Erläuterungen zum Projekt »Aus Slums werden Wohngebiete« zu.

Wohnnöte der Armen

Wir besuchen das EXPO-Projekt »Aus Slums werden Wohngebiete«. Mehr als ein Drittel der Einwohner Dakars leben in illegalen Siedlungen und Hütten aus Wellblech, Plastikplanen oder alten Blechtonnen; ohne Strom und Wasser. Durch anhaltende Landflucht, schnelles Bevölkerungswachstum und die Verarmung der Landbevölkerung hat sich die Einwohnerzahl in der Hauptstadt in kurzer Zeit verdoppelt.

Früher ließen die Behörden die illegalen Hütten abreißen. Die Wohnnöte der Armen wurden damit nicht gelöst. Zusammen mit der GTZ verfolgt das Ministerium für Städtebau seit Mitte der 80er Jahre eine neue Strategie. Statt die Bewohner zu vertreiben, werden die Slums legalisiert und saniert. Die Siedler erwerben Wohnrecht für 50 Jahre, die Grundstückspreise werden subventioniert. Unter Kostenbeteiligung werden Straßen, Strom- und Wasserleitungen gebaut.

Inzwischen haben die Menschen keine Angst mehr, aus ihrem Haus vertrieben zu werden. Sie investieren in ihr Eigentum. Das Programm läuft bereits in 12 Stadtvierteln von Dakar und in anderen Städten des Landes sehr erfolgreich. Die einzelnen Viertel präsentierten uns ihre Vorschläge und Wünsche für die Zukunft ihres »Quartiers«. Wir können nicht alle Wünsche erfüllen, aber vielleicht geht ja der ein oder andere in Erfüllung.

Mit den Eindrücken der Tour d'Afrique fahren wir zum Flughafen. Die Verladung der Fahrzeuge klappt perfekt. Doch wir erleben die Schattenseite der Armut: Wir werden aufdringlich angebettelt. Gegen 20.45 Uhr hebt der Jumbo in Richtung Südamerika ab.

Zwei Männer demonstrieren, wie sie mit einem Lederbeutel Wasser schöpfen.

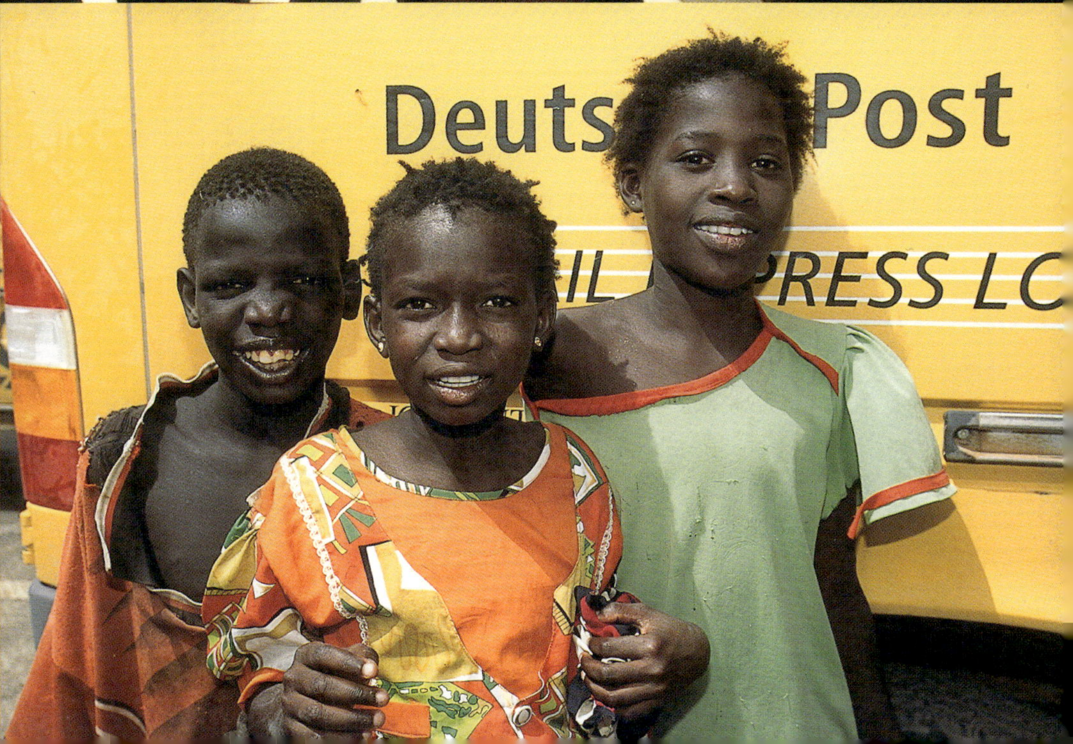
Deuts Post

Südamerika – vom Moloch und der endlosen

Zu den Indianern, die keine Zukunft kennen

Südamerika ist ein Kontinent mit einer großen Perspektive – reich an Rohstoffen und reich an Menschen. Doch die Ausbildung für die Zukunft ist ungenügend. Auf seiner Tour fällt Hubert Schwarz auf, dass viele Südamerikaner zwar Analphabeten sind, aber sicherlich keine Analphabeten im Herzen.

Weite der Pampa

Inschallah und bienvenido! Wir haben den afrikanischen Kontinent verlassen. Das erste Viertel unserer Tour ist vorbei. Besonders die Sahara mit ihren unterschiedlichen Landschaften und Menschen hat einen bleibenden Eindruck hinterlassen. Es war wahrscheinlich der technisch schwierigste Streckenteil meiner Welttournee auf dem Rad.

Oli, Uwe und Micha fliegen zurück nach »good old Germany«. Ich steige mit Dirk, Lutz, Frank und Franky in den Flieger nach Südamerika. Dort kommen Heiner, Martin und Jörg dazu. Der Flug dauert etwa sechs Stunden. Doc Franky hat bei unserer Verlosung Glück gehabt und erlebt den Start im Cockpit. Der Captain selbst bereitet das Abendessen und bedient uns. Nach einem ruhigen Nachtflug landen wir gegen 0.30 Uhr Ortszeit in Virarcopos, ca. 150 Kilometer von São Paulo entfernt.

Der Flughafen ist wie ausgestorben, und unsere Hoffnung, mit den eigenen Fahrzeugen zum Hotel fahren zu können, müssen wir schnell begraben. Da unser Hotel gut zwei Stunden entfernt – direkt in São Paulo – liegt, trennen wir uns. Dirk und ich fahren vor, um morgen das EXPO-Projekt zu besuchen. Die anderen übernachten in einem nahe gelegenen Hotel, um die Entzollung der Fahrzeuge zu betreuen. Vier Mitarbeiter von DANZAS sind mit dieser Aufgabe beschäftigt. Normalerweise dauert dies drei bis vier Tage. Doch das gesamte Team schafft es in 48 Stunden, weil DANZAS gute Vorarbeit in Deutschland geleistet hat. Der Vormittag wird benötigt, um die Autos von den Transportpaletten zu bekommen. Es gibt hier keine Rampe. Zusammen mit den Flughafenmitarbeitern baut man ein Provisorium, das sogar die 7 Tonnen des Unimogs trägt. Die gemeinsame Arbeit verbindet, und man schließt schnell Freundschaft. Um 18 Uhr verlässt unser Team den Flughafen und macht sich auf den Weg nach São Paulo. Ein DANZAS-Mitarbeiter führt es durch den Dschungel der 22-Millionen-Metropole zu unserem Hotel. Ohne ihn wären sie wahrscheinlich immer noch unterwegs.

Die Alltäglichkeit der Armut in den Favelas von São Paulo: Kinder auf einem rostigen Auto.

Der Moloch von São Paulo am frühen Morgen. Durch den Smog schimmern die Wolkenkratzer.

Bücher – Ausweg aus dem Slum

Ein anstrengender Tag in São Paulo steht auf dem Programm. Ich besuche drei Projekte und bin nach 13 Stunden Besuchs-Marathon erschöpfter als nach 13 Stunden auf dem Rad. Die Idee einer »lebendigen Bücherei« für die Kinder der Armen wird im Expo-Projekt »Living Library« umgesetzt. Mit Hilfe von Büchern, die einen Bezug zur Lebenssituation haben, wird hier versucht, Kindern und Jugendlichen aus den Favelas – den großen Slumsiedlungen der brasilianischen Großstädte – ihre Umwelt verständlicher zu machen. Die meisten Kinder haben zwar Lesen und Schreiben gelernt, doch in den Schulen sind Bücher Mangelware. Das Projekt soll Abhilfe schaffen und den Wissenshorizont der Kinder erweitern, damit sie später ihr Leben aktiv gestalten können. Wir sind beeindruckt, wie engagiert sich die Kinder mit ihrer Zukunft beschäftigen. Sie schreiben mehr als 1.000 Briefe für den »längsten Brief der Welt« – unser bisheriger Rekord.

TEIXEIRA
MOTO FEST
COYOTE
YES

»... Zukunft bedeutet für mich eine gerechtere Welt, ein besseres Leben für die Entwicklungsländer und für die Kinder, die schwer für wenig Geld arbeiten müssen ...«

Teresa (11 Jahre) aus Deutschland

Herzlicher Empfang in der Deutschen Schule von São Paulo.

Autofahrer wahre Machos

Um 5.30 Uhr ist die Welt in São Paulo noch in Ordnung. Die Stadt schläft ruhig und friedlich, ich komme ohne Zwischenfälle zum Ausgangspunkt der anstehenden Südamerika-Etappe. Heute morgen bin ich ein wenig ungeduldig, als ich auf den Bike-Sattel steige. Ich will endlich wieder in die Pedale treten. Eine Fahrt durch das schöne Hinterland des Bundesstaates São Paulo bei mildem Klima steht mir bevor. Die kurvige, hügelige Straße, das frische Grün, das Auf und Ab machen diese Etappe so interessant.

In São Miguel de Arcanjo, einem kleinen Dorf, das italienische Einwanderer gegründet haben, machen wir Mittagspause. Ich erhole mich von dem aufreibenden Teilstück auf der Bundesstraße. Denn die brasilianischen Autofahrer sind richtige Machos, besonders die Lkw-Fahrer. Mit nur 20 Zentimetern Seitenabstand und bei hoher Geschwindigkeit fahren sie an mir vorbei, als sei ich für sie gar nicht existent. Unglaublich! Und welch ein Glück, dass nichts weiter vorgefallen ist. Am frühen Nachmittag habe ich das Ende der »offiziellen« Tagesetappe erreicht, aber heute bin ich nicht zu bremsen und fahre noch einmal 60 Kilometer. Es kribbelt richtig in meinen Füßen und Waden. Ungeduldig beende ich die erste Etappe nach 286 Kilometern und plane mit meinem Team abends den morgigen Streckenabschnitt.

Erinnerungen an Eldorado

Wir verlassen Itapeva nach einem ausgedehnten Frühstück. Die Fahrt geht durch weit gezogene Weizen- und Maisfelder, der ehemalige Urwald lässt sich nur erahnen. Eine große Umstellung für mich nach der glühenden Hitze der Wüste ist die Kühle des brasilianischen Winters. Sie ist für mich völlig ungewohnt und zehrt an meinem Körper. Zudem erreicht mich eine unschöne Nachricht: Michael Schumacher ist in Führung liegend beim Grand Prix von Monaco ausgefallen. Auch unser Bekannter Heinz-Harald Frentzen ist ausgeschieden, drei Runden vor dem Ziel.

Bei einer Mittagspause schreiben mir zig Brasilianer spontan ihre Briefe an die Zukunft. Mein Projekt wird landesweit mit großem Interesse verfolgt, auch die brasilianische Bevölkerung steht hinter meiner Mission. Bei Regen geht es durch eine Landschaft, an alten Ziegeleien vorbei und an Holzhäusern, die an Eldorado erinnern. Die Uhr scheint hier seit der Kolonisation durch die Portugiesen stehen geblieben zu sein. Unser Ziel an diesem Tag ist Prudentópolis. Durch ein Holztor kommen wir in die Stadt. Wir erfahren, dass 80 Prozent der Bewohner ukrainische Vorfahren haben, die Anfang des 19. Jahrhunderts dieser brasilianischen Stadt ihr Aussehen gaben. Kleine Kinder laufen noch in typisch ukrainischen Trachten herum und lassen so die Traditionen weiterleben.

Keine Arbeit und keine Zukunft: die Indianer im Reservat von Laranjeiras do Sul.

Am Morgen erhalten wir eine überraschende Einladung von Pastor Hartmut Ziegler. Er betreut den Indianerstamm der Kaingang. Das deutsche Missionarsprojekt unter seiner Leitung besteht seit 1967 in Laranjeiras do Sul im Bundesstaat Paraná. Über unbefestigte Wege erreichen wir das Indianerdorf. Dort werden wir über die Lebenssituation der Ureinwohner detailliert informiert. Das Projekt hilft den Indianern, sich an die brasilianische Kultur anzupassen. So vermitteln ihnen die Missionare einen Grundstock an Bildung, die Grundlage für eine bessere Zukunft sein soll. In Theorie und vor allem Praxis werden die Indianer zum Beispiel zu Tischlern, Maurern oder Landwirten ausgebildet. Darüber hinaus werden sie kostenlos medizinisch versorgt, denn schon an Krankheiten wie einer simplen Erkältung können sie sterben. Die Indianer Brasiliens bekommen – auch ohne regelmäßig gearbeitet zu haben – eine Grundrente von umgerechnet rund 150 Mark pro Monat. Der Verkauf von Kunsthandwerk und landwirtschaftlichen Produkten sowie die Tagelöhnerei sind weitere Einkommensquellen, um die Großfamilien zu versorgen. Ich frage die Indianer: »Was erwartet ihr von der Zukunft?« Sie antworten, dass sie Zukunft ganz anders definieren als wir. Sie leben »für den Tag« und kennen allenfalls ein »Morgen«.

»... Man sollte sich nicht zu viel mit der Zukunft beschäftigen und dabei die Gegenwart vergessen. Die Sachen, die für viele falsch sind, müssen heute verändert werden, sonst wird die Zukunft nie anders sein.«

Rebeca Rubim (17 Jahre) aus São Paulo/Brasilien

»... Über die Zukunft wissen wir gar nichts. Sie ist nicht mit Zeit messbar, vielleicht ist sie mit den Vorstellungen jedes einzelnen Menschen zu messen, aber das ist nichts Genaues und Festes. Also gibt es sie überhaupt? ...«

Barbara (15 Jahre) aus Hannover/Deutschland

Wir haben uns die Iguaçu-Wasserfälle von der brasilianischen Seite aus angesehen, heute wollen wir die Grenze zu Argentinien überqueren und uns dieses Naturschauspiel noch einmal aus der Nähe betrachten. Die Fälle liegen im Dreiländereck Brasilien, Argentinien und Paraguay. Doc Franky hat die vergangenen 24 Stunden flachgelegen: Kopfschmerzen, Übelkeit, Durchfall und leichtes Fieber haben ihn außer Gefecht gesetzt. Nach einer Infusion, Medikamenten und jeder Menge Spötteleien der Mannschaft ist er heute wieder fit.

Aus 70 Meter Höhe stürzt das Wasser die Iguaçu-Wasserfälle hinunter.

Die Grenzpassage geht erstaunlich schnell. Auf brasilianischer Seite dauert es ganze 15 Minuten, und auch die Argentinier sind mit ihrer Abfertigung sehr schnell. Ohne eine Kontrolle der Fahrzeuge sind wir gegen 11.30 Uhr auf argentinischem Boden.

Während man die Iguaçu-Wasserfälle von Brasilien aus in der Totale sehen kann, durchwandert man auf der anderen Seite die Fälle auf Metallstegen. Wir wählen einen ein Kilometer langen Rundweg, der über unzählige Treppenstufen zu den einzelnen Wasserarmen führt. In der feuchtheißen Luft ein schweißtreibendes Unterfangen. Leider lässt sich auch heute die Sonne nicht überreden, uns für ein paar Aufnahmen zur Verfügung zu stehen. Wie immer bleibt zu wenig Zeit, um alles anzusehen. Dennoch ein sehr beeindruckendes Naturschauspiel.

Die ersten 100 Kilometer in Argentinien führen uns nach Eldorado. Was uns sofort auffällt: Die argentinischen Autofahrer sind freundlicher und rücksichtsvoller gegenüber Radfahrern als die Brasilianer. Fast jeder winkt und hupt und hält vor allem genügend Abstand zu Heiner und mir. In Brasilien sind die Lkw-Fahrer keinen Millimeter ausgewichen, und mir ist bei so viel Rücksichtslosigkeit öfter der Kragen geplatzt.

In Eldorado, der goldenen Stadt am Rio Parana, die 1919 von Deutschen gegründet wurde, erwartet uns bereits Günther Jüllich, der hier in Südamerika geboren ist, aber seit 30 Jahren in Deutschland lebt. Er hat mich schon mehrfach begleitet. Diesmal hat er das Hotel, die Parkplätze für die Autos und das Abendessen organisiert.

»... dass sich die Menschen untereinander besser verstehen und nicht mehr so oft streiten! Die Menschen müssen lernen, ihr Gegenüber nach dem Charakter zu beurteilen und nicht nach dem Aussehen. Wir müssen einander respektieren und andere Religionen und Kulturen verstehen lernen ...«

Christiane (15 Jahre) aus Deutschland

Der rote Schleier überzieht alles

In der Nacht kommt der große Regen. Es gießt in Strömen, und die Tropfen prasseln auf das Blechdach unseres Hotels. Auch die ersten drei Stunden des Tages strample ich durch den Regen. Dank meiner Regenkleidung bleibe ich einigermaßen trocken.

Die rote Erde, die seit Brasilien überall zu sehen ist, überzieht auch hier Autos, Fahrräder, einfach alles mit einem roten Schleier. Erst gegen Mittag hört es auf zu regnen, und die klammen Trikots werden von der Autoheizung getrocknet. Der Himmel leuchtet weiter in Grau. Wir besuchen verschiedene Ruinenstädte aus der Zeit der Jesuiten, die hier vor 300 Jahren lebten. Die Reste der Mauern, Tore und Säulen aus rotem Sandstein erobert sich der Regenwald langsam zurück. Bemerkenswert, dass in diesem Regenwald die erste Druckerpresse Argentiniens stand – und das im Jahr 1700! Eine kleine Grundschule, die unmittelbar neben einer der Ruinenstädte liegt, beteiligt sich spontan am längsten Brief der Welt. Trotz Schulschluss schreiben die Schüler begeistert ihre Gedanken auf. Die hügelige Landschaft, durch die wir seit São Paulo fahren, geht heute in die typische südamerikanische Pampa über. Topfeben, endlose Felder, und die Straßen führen bis zum Horizont nur geradeaus. Morgen ist laut Radio in Argentinien ein Generalstreik. Alle öffentlichen Einrichtungen sollen geschlossen sein. Auch die Grenze zu Paraguay soll unpassierbar sein.

Die Gauchos und der Generalstreik

Die heutige Etappe führt von Ituzaingo über Corrientes nach Machagai. Die höchste Erhebung ist die Brücke über den Fluß Parana. Die Weite der argentinischen Pampa scheint endlos. Die Straße geht stur geradeaus, und höchstens alle 30 Kilometer kommt vielleicht eine leichte Kurve. Durch die anhaltenden Regenfälle steht alles unter Wasser. Selbst die Kühe und Pferde grasen im Wasser. Argentinische Gauchos reiten entlang der Straße, um die überfluteten Weiden zu umgehen.

Der geplante Abstecher nach Pilar in Paraguay muss wegen des ausgerufenen Generalstreiks abgesagt werden, da die Grenzübergänge über den Fluß Parana geschlossen sind. Der Streik hat

Ein hartes Brot: der Alltag eines Köhlers.

Das Rad wird geschultert und dann gehts geschwind über die Eisenbahnbrücke.

auch gute Seiten, weil der Lkw- und Busbetrieb eingestellt wurde, herrscht wenig Verkehr.

Deutschland gegen Argentinien

Der Tag beginnt, wie der gestrige geendet hat. Topfeben, und bis zum Horizont geht es geradeaus, der Himmel ist weiterhin wolkenverhangen. Aber es bleibt trocken, und der Wind hat einen Ruhetag eingelegt. Die Gegend wird langsam trockener, und entsprechend ändert sich die Vegetation. Die offenen Pampaflächen gehen in eine Art Dornensavanne über, und man findet mehr und mehr Kakteen. Aber weiterhin bleibt alles flach.

Wir halten bei einem Köhler, der in mehreren Meilern direkt an der Straße seinem qualmenden Geschäft nachgeht. Nachdem er seinen Wachhund weggesperrt hat, weiht er uns in das Geheimnis der Kohleherstellung ein. Mit dem rußigen Geruch in der Kleidung setzten wir unsere Tour fort.

Mittags rasten wir in einem kleinen Ort: Dort geht gerade eine Fiesta zu Ehren der heiligen Jungfrau Maria zu Ende. Heiner und ich tragen mit der Dorfjugend ein weiteres Länderspiel Deutschland gegen Argentinien aus, allerdings im Tischfußball. Der Sieg der Deutschen mit 1:0 geht voll in Ordnung. Die Straßen werden schmaler, teilweise geht es über eine einspurige Betonfahrbahn, teilweise über ein von Schlaglöchern zerfressenes Asphaltband. An einem Fluss schultere ich mein Fahrrad und nehme die kürzeste Passage: eine alte Eisenbahnbrücke. Am späten Nachmittag sehen wir am Horizont eine kleine Bergkette. Eine Fata Morgana? Nein, die Straße führt durch eine leicht wellige Hügellandschaft. Eine Augenweide. Gleichzeitig reißt die Wolkendecke auf, und wir werden mit einem wunderbaren Sonnenuntergang für die Tristesse der letzten Tage belohnt.

08 | 6 | 2000

09 | 6 | 2000

10 | 6 | 2000

Das Tal des Mondes

Die zurückliegenden Tage waren absolut ereignislos, dafür erwartet uns heute eine Abwechselung. Zunächst muss Doc Franky aus einer misslichen Lage befreit werden. Nach der Morgentoilette lässt sich die Tür des Badezimmers nicht mehr öffnen. Seine Hilferufe werden zwar gehört, aber eine Tür ohne Klinke von außen zu öffnen, ist nicht leicht. Aber dem passenden Werkzeug aus dem Auto hält keine argentinische Tür stand.

Um 8 Uhr wird es erst hell, und ich starte bei 1 Grad Celsius und dichtem Nebel. Die Feuchtigkeit durchdringt die Kleidung und lässt die fühlbare Temperatur noch weiter sinken. Keiner steigt heute freiwillig aufs Rad, um mich zu begleiten. Nach zwei Stunden ist der Spuk abrupt vorbei. Ich durchdringe eine Nebelwand und fahre plötzlich in die Morgensonne unter blauem Himmel. Die ersten Ausläufer der östlichen Anden werden sichtbar. Von der Sonne aufgeheizt, messe ich mich mit einem Lkw am Berg und … gewinne. Von diesem Erfolg beflügelt, erreiche ich gegen 11.30 Uhr den Nationalpark »Valle de la Luna«, das Tal des Mondes.

Den 38 Kilometer langen Rundkurs durch den Park muss ich auf meinem MTB zurücklegen, weil es nur eine kleine Piste gibt. Der Park ist berühmt für die ältesten Dinosaurierfunde und für seine Erdschichten, die in allen Regenbogenfarben schimmern. Zudem regen bizarre Gesteinsformationen die Fantasie an. Bei einem kleinen Stopp fällt die Tür des Unimog-Aufbaus komplett ab. Mit der Tür in der Hand steht der »Übeltäter« da wie ein begossener Pudel. Er ist aber völlig unschuldig. Sämtliche Schrauben sind einfach abgerissen. Dank Stromgenerator, Bohrmaschine und Gewindeschneider ist das Problem nach drei Stunden behoben. Die letzten 75 Pistenkilometer bis zum Etappenziel in San Agustin del Valle Fertil führen noch einmal durch eine abwechslungsreiche, busch- und kakteendurchsetzte Hügellandschaft.

Das Tal des Mondes – eine Landschaft wie von einem anderen Stern.

»Planeta« – das große Idol

Früh um 8 Uhr erhalten wir eine unerfreuliche Nachricht: Das Wetteramt meldet unvorhersehbare Schneestürme. Die letzten noch befahrbaren Pass-Straßen über die Anden müssen gesperrt werden. Heftige Schneefälle und die große Lawinengefahr, wie sie auf dem 3.832 Meter hohen »Passo del la Cumbre«, dem Nadelöhr auf der Strecke von Mendoza nach Santiago de Chile, im Augenblick vorliegen, kommen nur alle zehn Jahre vor. Ist der Pass erst einmal geschlossen, sei mit einer Aufhebung der Sperre nicht vor Ablauf von 14 Tagen zu rechnen, versichern uns Einheimische. Das könnte den weiteren Verlauf der Tour in Südamerika in Frage stellen. Zusammen mit unseren Logistikpartnern werden wir noch im Verlauf dieser Woche eine Entscheidung treffen müssen.

Bis dahin geht es erst mal planmäßig weiter durch das nasskalte Wetter. Der Straßenbelag ist extrem schlecht und fordert meine volle Konzentration. Gegenwind macht mir zusätzlich zu schaffen. 60 Kilometer vor dem Etappenziel werden wir von einer Delegation des Radfahrvereins von San Juan empfangen. Sie begleiten mich mit einem Lautsprecherwagen, aus dem deutsche Marschmusik schallt.

30 Kilometer weiter warten weitere Mitglieder des Radsportvereins, allen voran »Planeta« Ramirez, ein argentinisches Radsportidol. Er radelt mit mir bis San Juan und macht noch einmal richtig Tempo. Immer mehr Radfahrer warten an der Strecke, um sich in den Korso einzureihen. Selbst die Nachwuchsfahrer mit ihren Spezialrädern werden von ihren Eltern zum Mitradeln an die Strecke gebracht und bis zum Ziel begleitet. Nach einer Ehrenrunde durch San Juan und um die zentrale Plaza erreichen wir das Vereinshaus des Radsportvereins.

Wir werden durch das Clubhaus geführt und tauschen Geschenke aus. Um 21 Uhr erscheint die regionale Presse samt Fernsehen zu einer Pressekonferenz im Hotel. Ein anstrengender Tag geht zu Ende.

»... Zukunft bedeutet für mich, dass Deutschland Fußball-Weltmeister wird und Brasilien total schlecht spielt. Dass die armen Länder, die an Hunger leiden, bessere Ernährungsquellen finden und dass die Television immer größer wird ...«

Nicole (10 Jahre) aus Deutschland

»Planeta« Ramirez (links) ist für die Argentinier das große Radsport-idol.

Deutsche Marschmusik schallt aus dem Lautsprecher, als mich der Radsportverein von San Juan zum Tagesziel begleitet.

Das Ende der Tour in Südamerika: Das Schild signalisiert »Weiterfahrt verboten«. Enttäuscht gebe ich meinen Kampf gegen das Schneetreiben auf.

Weiterfahrt verboten!

Die ganze Nacht regnet es in Strömen. In der Zeitung und den Morgennachrichten gibt es auch keine guten Neuigkeiten. Das Tief soll weiter anhalten. Trotzdem starte ich in Richtung chilenischer Grenze. Bereits nach einer Stunde Fahrt erreichen wir eine Straßensperre. Ein Erdrutsch hat die Straße verschüttet. Zurück nach San Juan und über eine andere Route nach Mendoza und dann wieder in Richtung chilenischer Grenze.

Die Wolken hängen tief über den Bergen. Bei 1.300 Metern tauchen wir in eine Wolkendecke ein. Bei 1.500 Metern beginnt ein dichtes Schneetreiben, die Straße verschwindet unter einer geschlossenen Schneedecke. Wir dringen weiter bis auf 2.000 Meter vor. Die Sicht geht teilweise gegen null. Die Passhöhe liegt bei 3.300 Metern. Dann ein großes Schild: Die Weiterfahrt ist verboten.

Ist unsere Südamerika-Etappe nun vorzeitig vorbei? Ich bin tief enttäuscht. Schweren Herzens kehren wir um, zurück nach Mendoza. Bei der lokalen Polizei erkundigen wir uns nach weiteren Alternativen. Die Auskünfte sind ernüchternd. Vor Samstag wird es keine Versuche geben, den Pass zu räumen. Mehr als 500 Lkws versperren den Pass. Busse und Pkws nicht mitgezählt. Für uns steht fest, dass wir Santiago de Chile nicht pünktlich erreichen können. Damit ist der gesamte Verlauf der Tour in Gefahr. Wir suchen nach einer Alternative und beschließen, den ganzen Tross über Buenos Aires weiter nach Shanghai zu leiten. Und nun läuft die Logistikmaschinerie von Deutsche Post World Net auf Hochtouren. Flüge für Crew und Fahrzeuge mit Lufthansa Cargo müssen neu organisiert werden. Hoffentlich lässt sich das alles innerhalb von zwei Tagen umplanen!

»Grüne Karte« in Buenos Aires

Die »Bike-the-Future«-Mannschaft geht seit heute getrennte Wege – vorübergehend. Ein Teil bringt die drei Begleitfahrzeuge von Mendoza nach Buenos Aires, von dort werden sie mit der Lufthansa Cargo nach Frankfurt und dann weiter nach Shanghai trans-

portiert. Ich bin bereits in die argentinische Millionenmetropole vorausgeflogen, um zum Abschluss der Südamerika-Etappe einige Expo-Projekte zu besuchen, z. B. das Forschungsinstitut »Centro de Estudios Farmalogicos y Botanicos« der Universitad de Flores in Buenos Aires. Dort betreut eine US-Amerikanerin das weltweit initiierte Projekt »Grüne Karte«. Es will das Umweltbewusstsein von Großstadtmenschen fördern und unterstützt beispielsweise den Bau von Grünanlagen.

»... Ich träume von einer Zukunft, in der die verschiedenen Kulturen friedlich zusammenleben und die Toleranz die Königin ist. Ich wünsche mir auch, dass sich immer mehr Menschen auf dieser Welt kennen lernen. Deswegen sollte man in der Zukunft auch schnell und leicht reisen können ...«

Marjorie (12 Jahre) aus Frankreich

Das internationale Projekt, das auch auf der Expo 2000 vertreten ist, besteht aus einem Netzwerk von rund 100 Städten, die ihre Erfahrungen austauschen und einen Kriterienkatalog entwickelt haben, mit dem sich die Entwicklung des urbanen Umweltbewusstseins bewerten und vergleichen lässt. Der Millionenmoloch Buenos Aires mit seiner hohen Arbeitslosenquote und seinen heruntergekommenen grauen Hochhaussiedlungen steht auf der Skala wohl weit unten. Dennoch kann Projektleiterin Ana Faggi de Lenz Erfolge vorweisen. In diesen Tagen wird zum Beispiel im Stadtteil Caballito ein neuer kleiner Park eröffnet, den sich die Bürger durch massiven Druck auf die Politik erkämpft haben. Damit die Grünanlage ihre Funktion und ihren Glanz auch auf Dauer erhält, sind die Bürger aus der Nachbarschaft für den Unterhalt des Parks mitverantwortlich.

»Credito« statt Pesos

Heute besuche ich das Arbeitslosenprojekt »Trueque«. Die positiven Eindrücke, die das Expo-Projekt vermittelt, machen die Enttäuschung über das sportliche Ende der Südamerika-Tour schnell wett. Das »Trueque«-Netzwerk, das mittlerweile mehr als 200.000 Mitglieder in ganz Argentinien zählt, trägt zwei Problemen Rechnung: der fehlenden staatlichen Arbeitslosenunterstützung und der Dollar-Parität des argentinischen Pesos, die den Lebensunterhalt vor allem für die sozial Schwachen extrem teuer machen. So verfügt das »Trueque«-Projekt über eine eigene Währung, den »Credito«. Er ist das Zahlungsmittel auf den regelmäßig veranstalteten kleinen Märkten, auf denen nicht nur Waren des täglichen Bedarfs, sondern auch Dienstleistungen, meist handwerklicher Art, gehandelt werden.

Wer Mitglied in der »Trueque«-Welt werden will, muss nicht arbeitslos sein, sondern nur einen kleinen Beitrag entrichten und eine Informationsveranstaltung besuchen. Danach werden 50 Creditos Startgeld ausgezahlt. Die Geschäfte mit der Währung gehen gut, und die Zahl der »Trueque«-Mitglieder wächst. Dass dabei eine Art Schattenwirtschaft entsteht, müsste den Regierenden eigentlich ein Dorn im Auge sein. Aber »der Staat unterstützt uns«, sagt Projektleiterin Ana Faggi de Lenz.

Abflug nach Frankfurt

Heute sind die drei Tour-Fahrzeuge in Buenos Aires eingetroffen; sofort fahren wir zur Zollabfertigung. Sie nimmt fast den restlichen Tag in Anspruch. Wenigstens läuft das Palettieren und Verzurren nach dem Krieg der Formalitäten zügig ab. Kein Wunder, denn unser Team hat ja bereits erste Erfahrungen in Afrika gesammelt. Aber nicht nur unsere routinierten Handgriffe, sondern vor allem die erstklassige Organisation des Flughafens Buenos Aires machen diesen reibungslosen Ablauf möglich. Einen Tag später fliegen wir in Richtung Frankfurt ab.

Ein junges Mädchen in Buenos Aires hat sich schick gemacht für den Marktbesuch.

China – Aufbruch ins Reich der Gegensätze

Vielfalt der Menschen und Kulturen eines Landes mit Zukunft

China – das ist immer noch pure Faszination: Das fast 10 Millionen Quadratkilometer große Land hat mehr als eine Milliarde Menschen, die zwischen Moderne und Tradition leben. Doch ob auf dem platten Land oder in der Großstadt Shanghai – die Chinesen setzen große Hoffnung in die Zukunft.

Der Fernsehturm von Shanghai: Symbol für den Aufbruch Chinas in die Moderne.

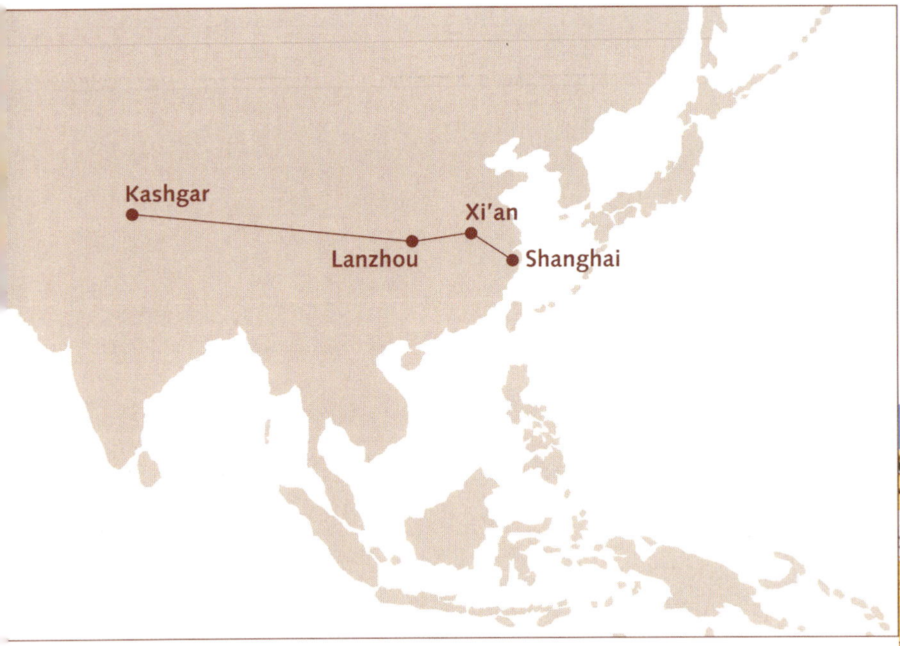

Pudong, der supermoderne Flughafen von Shanghai, hinterlässt einen bleibenden Eindruck bei jedem, der dort einmal gelandet oder gestartet ist. Er zeigt: Die Zukunft Chinas hat begonnen. Das sollte uns noch öfter in dem Reich der Mitte passieren. Überall entstehen neue Stadtviertel, werden Straßen aufgerissen, um Platz zu machen für das Projekt der Moderne. So sind Straßenbaustellen von 100 Kilometern Länge in China keine Seltenheit. Doch eine Seltenheit sind tolerante Bürokraten. Erst nach fünf Stunden, um 1 Uhr morgens, gibt der Zoll unsere Begleitfahrzeuge frei. Wir fahren nach Shanghai, wo wir noch ein spätabendliches – oder besser frühmorgendliches – erstes chinesisches Essen mit Stäbchen einnehmen. Um 4 Uhr morgens sind wir endlich im Bett.

Faszinierende Uferpromenade

Wir schlafen jedoch höchstens drei Stunden, denn die Verkehrsbehörde will unsere Fahrzeuge früh morgens inspizieren. Danach fahren wir zur Deutschen Schule von Shanghai:

Neugierig und doch schüchtern: der erste Kontakt mit Chinesen in Shanghai.

110 Kinder besuchen die Schule, von denen 45 in den Kindergarten gehen.

Es herrscht große Aufregung unter den Kleinen, als die imposante Fahrzeugkolonne auf das Schulgelände fährt. Ich erzähle den neugierigen Kindern und Eltern von meiner Tour und werde freundlich befragt. Anschließend fahren wir zum Bund, der berühmten Shanghaier Uferpromenade. Ein tolles Panorama: Der Jinmao-Turm von 420 Meter Höhe, der 460 Meter hohe Fernsehturm, das berühmte Peace Hotel und die alte Hongkong und Shanghai Bank sind architektonische Meisterwerke. Ich werde von neugierigen chinesischen Touristen umringt, die mich mit Fragen bestürmen und natürlich auch fotografieren wollen.

Nach einem Presse-Empfang stürzt sich die Crew ins bunte Shanghaier Nachtleben und ist begeistert: Die Boomstadt Shanghai hat eine Kneipenszene, die an München erinnert. Ich bleibe im Hotel und bereite mich mental auf die China-Tour vor.

Hinaus ins »Wasserland«

Nach wenigen Stunden Schlaf stärke ich mich für die erste Etappe mit Fleisch- und Gemüseteigklößchen, sogenannten Baozi und Jiaozi. Wir verlassen den wüsten Verkehr Shanghais und fahren in das »Wasserland« ein, das so genannt wird, weil Milliarden von Flüssen und Kanälen das Umland durchziehen. Erster Höhepunkt ist die Überquerung des Kaiserkanals, der mit 1.800 Kilometern der längste, je von Menschenhand geschaffene Kanal ist – und das vor 1.400 Jahren. Nach 180 Kilometern erreichen wir Changxing. Im Hotel lasse ich mir die Füße und den Rücken massieren.

Jung und Alt, modern und traditionell: zwei Generationen im Gleichschritt nach vorn.

»... Zukunft bedeutet für mich Liebe, Lust und Leidenschaft in allen Lebenslagen, Glück bis ans Ende aller Tage und immer genügend Geld auf dem Konto ...«

Ramona (14 Jahre) aus Deutschland

Aufruhr beim Obstkauf

Der Kaffee am Morgen ist miserabel. Es ändert nichts daran, dass ich schon um 6 Uhr morgens auf der Strecke bin. Sie führt mich über eine schmale Landstraße mitten durch Reisfelder. Noch vor der einsetzenden schwülen Hitze werden auf den Feldern die Setzlinge für die zweite Reisernte in diesem Jahr gepflanzt. Mitten auf dem Land schließlich treffe ich auf ein überraschtes Kamerateam. Es filmt das Aufhängen zweier großer roter Plakate. Auf ihnen sind akribisch die zu bezahlenden Steuern aufgelistet. In der Vergangenheit hat es Ausschreitungen gegeben, weil korrupte lokale Beamte und Parteimitglieder überhöhte Abgaben und Fantasiesteuern verlangten, die den Bauern ihre letzten Ersparnisse geraubt hatten.

In einer kleinen Stadt kommt es zum Aufruhr, als ich Obst kaufe. Mit großem Enthusiasmus und noch mehr Herzlichkeit wird das Obst abgewogen. Unter »großem Hallo« setze ich meine Fahrt fort.

Die Hitze und Schwüle wird langsam unerträglich, die Luftfeuchtigkeit ist extrem hoch. Am späten Nachmittag treffen wir in Wuhu ein, einer großen Stadt am Yangzi. Ich setze mit einer alten rostigen Autofähre über den großen Fluss. 10 Minuten dauert die Überfahrt, anschließend geht es durch ein gebirgiges Gelände nach Chaohu, einer kleinen Stadt am größten See der Provinz Anhui.

Übersetzen über den Yangzi auf einer alten rostigen Autofähre.

Schattenboxen am frühen Morgen

»Lakeside Hotel« heißt unsere Unterkunft in Chaohu, aber den größten See der Provinz Anhui bekommen wir am frühen Morgen nicht zu sehen. Auf der Zufahrt zum Hotel sammeln sich zahllose alte Menschen zum gemeinsamen Schattenboxen. Zur Musik aus dem Kassettenrecorder üben sie Walzer und Tango. Danach haben uns die Reisfelder wieder.

Nach rund 30 Kilometern erreichen wir einen Marktflecken, wo wir ein kleines Frühstück einnehmen: Youtiao (frittierte Teigstangen), Xifan (wässrige Reissuppe ohne jeglichen Geschmack) und natürlich den obligaten grünen Tee – dabei werden wir umringt von Dutzenden neugieriger Menschen. Anhui gehört traditionell zu den ärmeren Provinzen, umso erstaunlicher sind die gewaltigen Anstrengungen für eine neue Infrastruktur. Die Straßen bis zum Etappenziel Gushi sind hervorragend ausgebaut. Ich komme schnell voran. Unterwegs begegne ich immer wieder aufgeregten Menschen, die bereits durch unsere Begleitfahrzeuge aufmerksam geworden sind und die »seltsame« Kolonne bestaunen. Darunter viele Kinder, die herzlich und aufgeregt um mein für chinesische Verhältnisse »komisches« Fahrrad herumstehen. Noch größer werden Menschenmenge und Neugier bei kurzen Reparaturen, oder

Chinesen lachen gern. Hier eine junge Frau mit ihrem Kind auf einem Marktplatz in der Provinz.

wenn wir aus dem Mercedes heraus filmen. Am Nachmittag sinken die Temperaturen. Ich passiere Orte mit so merkwürdig klingenden Namen wie Liu'an oder Yeji. Plötzlich fahre ich in das Verkehrschaos von Gushi ein, ein Stau aus Fahrrädern, Lastenziehern, Fußgängern und Autos. Morgen geht es noch tiefer in die Provinz. Leider hat die Polizei eine Routenänderung verordnet.

Chinesische Frühaufsteher

Am nächsten Morgen ist die Temperatur ideal, 22 Grad Celsius. Allerdings ist es so schwül, dass man bei jeder Bewegung schwitzt. Das hindert eine Gruppe von etwa 30 älteren Damen und Herren nicht, beim Sound eines Kassettenrecorders eine Art Aerobic zu machen. Überhaupt ist es erstaunlich, wie viele Menschen um diese frühe Zeit bereits auf den Beinen sind. Mit Lastenfahrrädern werden Waren zum Markt gebracht, Frühaufsteher gehen zum Einkaufen, und Garküchen werden aufgebaut. Bei einer treffe ich auch mein Team, als ich nach etwa 30 Kilometern ein kleines Dorf passiere. Eine große Menschenmenge schaut dabei zu, wie die ausländischen »Teufel« oder »Langnasen« essen. Angenehm ist die Herzlichkeit der Chinesen, die keine Berührungsängste haben.

»... Ich wäre allen Verantwortlichen dankbar, wenn sie mehr an die Sauberkeit unserer Heimat denken würden. Auch wünsche ich der ›Dritten Welt‹ mehr Verantwortung für die eigene Bevölkerung ...«

Margret W. (70 Jahre) aus Deutschland

Immer zu munteren Späßen bereit ist die chinesische Dorfjugend, sobald die »Teufel in Gelb« auftauchen.

Wie immer ist das Chaos auf den Straßen der kleinen Ortschaften unvergleichlich, doch dann passieren wir ein kleines traditionelles Dorf, in dem die Zeit stehen geblieben zu sein scheint. Ein Bauer führt uns in sein Haus, das ganz aus Lehm gebaut ist. Innen ist es angenehm kühl, und an einem kleinen Brunnen kann ich mich mit kühlem Wasser erfrischen, bevor es weiter auf der Straße durch die Reisfelder geht.

Ein nächster Höhepunkt erwartet uns in der Kleinstadt Huangchuan. Unsere kleine, aber auffällige Kolonne stoppt an einer Kreuzung vor einer Brücke, auf der ein unglaubliches Geschiebe und Gedränge herrscht. Hupende Busse balgen sich mit völlig überladenen Lkws um den letzten Millimeter Straßenfläche, dazwischen quetschen sich Fahrradfahrer, und der restliche Platz wird von einer Unzahl Kunden heischender Rikschas ausgefüllt. Dazwischen versuche ich meinen Weg auf die andere Fluss-Seite zu finden und bin froh, wieder aus der Stadt heraus zu sein.

Die nächste Abwechslung wird uns erst wieder in Xinyang geboten, einem wichtigen Straßenknotenpunkt zwischen der Provinz Anhui und der Provinz Hennan. Entsprechend rollen Kolonnen von hupenden und stinkenden Lkws nach Norden. Erst 120 Kilometer weiter, hinter dem Ort Zhumadian, lässt der Verkehr nach. Als wir nach rund 345 Kilometern in Xuchang eintreffen, bin ich jedoch so schwarz wie ein Schornsteinfeger. Vielleicht bringt uns das ja Glück für die morgige Strecke.

Die Luft am nächsten Morgen ist angenehm kühl und nicht schwül, die besten Bedingungen für einen guten Start. Erfreulicherweise ist auf den Straßen wenig los, so dass wir ohne große Verzögerung nach etwa 70 Kilometern die Provinzhauptstadt Zhengzhou erreichen. Eine nagelneue Umgehungsstraße erspart uns die mühsame Durchfahrt durch die Innenstadt. Wir fahren

28 | 6 | 2000

皖
241

Gezeichnet von den Strapazen in China.

anschließend auf einer alten verkehrsarmen Straße in Richtung der alten Kaiserstadt Luoyang, während der Hauptverkehr über die Autobahn fließt. Plötzlich ändert sich auch das Landschaftsbild: Endlose Reisfelder werden abgelöst von einer leicht bergigen und trockenen Landschaft, in der Maisfelder überwiegen. Am Horizont ragen große Zementfabriken über die flachen, wie Canyons steil abfallenden Berggrate. Wir essen zu Mittag in einem Fernfahrerlokal, an dessen völlig fehlende Ausstattung und nackte schmutzige Betonwände man sich gewöhnen muss. Das Essen ist jedoch ausgezeichnet, würzig bis scharf, dazu gibt es eine sättigende Nudelsuppe und endlich einmal kalte Getränke, denn die Menschen in dieser Region trinken sowohl Bier als auch Softdrinks im Sommer am liebsten warm, was für uns gewöhnungsbedürftig ist. Vielleicht liegt es auch daran, dass die Kühlschränke für die Lagerung der Lebensmittel benötigt werden. Und da Strom sehr teuer ist, können sich die Restaurants keinen zweiten für Getränke leisten. Nun ist es auch nicht mehr weit bis Luoyang, wo ich an den berühmten buddhistischen Grottenheiligtümern

»... Multinationale Konzerne entdecken ihre soziale Verantwortung, internationale Kontakte und Verflechtungen verhindern Einsamkeit, Konflikte, Rassenhass und Kriege ...«

Jochen (16 Jahre) aus Deutschland

von Longmen vorbeiradle. Im Jahr 494 wurde mit dem Bau der Grotten begonnen. In 400 Jahren wurden 1.300 Grotten und Nischen mit mehr als 100.000 Buddha- und Heiligenfiguren in den Fels gemeißelt. Besonders interessant für das Motto meiner Tour ist der Zukunftsbuddha, an den sich Chinesen mit ihren Opfern wenden, wenn sie Fragen und Wünsche hinsichtlich ihrer Zukunft haben. Was mögen sich wohl die alten Chinesen für die Zukunft erhofft haben?

Der Einfluss des Islam

Am nächsten Morgen haben wir kaum Zeit, den schönen Park zu genießen, in dem unser Hotel steht. Diese chinesischen Parks sind frühmorgens hochinteressant. So treffen wir auf eine Gruppe älterer Damen, die zu chinesischer Musik Schattenboxen üben. Sie erzählen, dass sie das ganze Jahr täglich von 6 bis 7 Uhr gemeinsam praktizieren und von 7 bis 8 Uhr neue Techniken bei einer Tai-Chi-Meisterin trainieren.

Als ich die Stadt Sanmenxia verlassen habe, fällt mir auf, wie sehr sich die Landschaft gegenüber Ostchina verändert hat. Nach einer kurzen Fahrt passieren wir die Provinzgrenze nach Shanxi, die Wiege der chinesischen Zivilisation am Gelben Fluß. Auf dem gewaltigen Lößplateau befindet sich einer der fruchtbarsten, ja reichsten Ackerböden Chinas. Unverkennbar ist der mongolische Einfluss. Auffallend ist, dass der Islam immer präsenter wird. Viele Dörfer haben Moscheen. Ich hätte nicht gedacht, dass der Einfluss des Islam so weit in den Osten reicht.

Am späten Vormittag öffnet sich vor mir das weite Flusstal des Huang He, des Gelben Flusses. Sedimentgesättigt und träge fließt er nach Osten, wo seine Ablagerungen große Tiefebenen geschaffen haben. Der nächste Höhepunkt lässt nicht lange auf sich warten.

120 Kilometer hinter Sanmenxia tauchen am Horizont seltsame Berggipfel auf. Es ist ein gewaltiges Felsmassiv. Wie ich erfahre, handelt es sich um den Hua Shan, einen der fünf heiligen mythischen Berge Chinas. 2.100 Meter hoch ist sein Gipfel, den man über Treppen erreichen kann, die vor mehr als 1.000 Jahren angelegt wurden. Die Straße führt direkt auf den Hua Shan zu, wo wir am Fuß des Berges im gleichnamigen Ort zu Mittag essen. Zahlreiche Tempel säumen den Weg nach oben, und alle bekommen Lust, diese faszinierende Landschaft zu durchwandern.

Parallel zum Hua Shan führt die Straße weiter nach Osten. Dank einer neuen Autobahn ist die Straße fast 100 Kilometer verkehrsfrei. Dafür bläst mir der heiße Wind ins Gesicht. 80 Kilometer hinter dem Hua Shan passieren wir

30 | 6 | 2000

01 | 7 | 2000

02 | 7 | 2000

»... Meine Vision besteht darin, nicht den Staat zu schröpfen, sondern eigene Gedanken an andere Menschen weiterzugeben, und die Hoffnung auf das Gute nicht zu verlieren ...«

Manfred S. (60 Jahre) aus Deutschland

Ein imposanter Anblick: das Hua Shan-Gebirge

den absoluten Höhepunkt des Tages, die weltberühmte Terrakotta-Armee des ersten Kaisers von China, Qin Shihuangdi. Schon von weitem sieht man den gewaltigen, künstlich aufgeschütteten Grabhügel. Die gesamte Grabanlage umfasst eine Fläche von sagenhaften 56 Quadratkilometern.

Wir gönnen uns den Besuch der Tonkrieger-Armee, die aus rund 8.000 lebensgroßen Kriegern und Pferden besteht. Jede der Figuren wurde individuell gestaltet. Es laufen einem Schauer über den Rücken, wenn man bedenkt, dass 750.000 Arbeiter mehr als 30 Jahre an dem Bau des Grabes und der Figuren gearbeitet haben. Von hier sind es noch 30 Kilometer bis zur alten Kaiserstadt Xi'an. Das lustigste Erlebnis an diesem Tag haben wir mit den Masseuren vor unserem Hotel. Jeden Abend bauen rund ein Dutzend Männer Liegen vor dem Hotel auf und kneten die Passanten richtig durch, so auch meine gesamte Crew.

Straßen als Dreschplatz

Die erste Hälfte der Tagesetappe führt uns durch flaches fruchtbares Land in Richtung der Industriestadt Baoji. Unterwegs treffen wir auf Zeugnisse aus der großen Vergangenheit der Region: 18 Kaiser der Tang-Dynastie und zahlreiche Kaiser aus der Han-Dynastie sind hier bestattet. Immer wieder sieht man die gewaltigen Grabhügel.

Ein Taxifahrer lotst uns durch die unattraktive Stadt Baoji auf die Nebenstrecke nach Tianshu. Ein Glücksfall, denn sie entpuppt sich als eine der schönsten Landschaften, die wir bisher erlebt haben. Über eine wenig befahrene Landstraße radle ich durch kleine Dörfer. Sie sehen aus, als lebten ihre Bewohner noch im Mittelalter. Genauso stellt man sich das alte China vor. Momentan ist Erntezeit, und die Bauern breiten das geerntete Korn auf den Straßen auf, funktionieren sie zum Dreschplatz um. So fahre ich mehr über dicke Lagen Stroh als über Asphalt. Das »Hallo« ist jedes Mal groß. Als wir in einem Ort namens Longxian stoppen, erzeugen wir einen Riesenauflauf. In dieser Region hat man noch nie Ausländer gesehen. Wir sind natürlich die Tagessensation.

Ab Longxian hört die asphaltierte Strecke auf. Der Himmel ist bedeckt, und die Temperatur wird angenehmer. Die Straße windet sich durch eine tiefgrüne baumbewachsene Schlucht, als mir plötzlich Reiter entgegengaloppieren. Hinter der nächsten Biegung dann die große Überraschung: So weit das Auge reicht, blicken wir auf saftige Almen und Wälder, die sich im Nebel verlieren. Die Reiter begleiten mich bis

Erntezeit in China: ein überladener Traktor.

Dreschplatz Straße: Auch Hubert Schwarz hilft mit.

Die Ernte ist eingefahren: ein stolzer Bauer aus der Region von Longxian.

zu einer großen Wiese, wo meine Crew bereits wartet und sich die Zeit mit Reiten vertreibt. Unter großem Gelächter der Pferdetreiber versuchen Oliver Zimmermann, Frank Kauper und Lutz Gabriel ihre Pferde zum Laufen zu bringen. Nur zwei Kilometer weiter erreichen wir ein Tor und fahren nunmehr in den Guanshan-Nationalpark hinein, der sich auf einer Höhe von rund 2.600 Metern befindet. Mitten im Nationalpark breitet sich ein großes, buntes Jurtencamp aus, und entlang der Piste reihen sich zahlreiche, nach vorne geöffnete Zelte, in denen man Tee trinken und essen kann. Wir sind die einzigen Besucher in der Weite und

trinken in großer Runde Tee zusammen. Nach 50 weiteren Kilometern ändert sich die Landschaft, und ich radle in eine Bergwelt hinein, die an Dramatik nicht zu überbieten ist. Jeder einzelne Berg ist bis zum Gipfel kultiviert, und die Täler sind so tief, dass man kaum hinunterschauen kann. Wie viele Jahrhunderte es wohl gebraucht hat, diese unglaublichen Terrassen anzulegen? Links und rechts stürzen die Berghänge mal steil ab, mal schieben sie sich majestätisch wie Treppenstufen hinab. Ich komme mir vor wie in einem gigantischen Amphitheater.

Ein Tempel für Cen Shen

Wir sind in einer abgelegenen Region. Unser Hotel ist zwar mit drei Sternen ausgezeichnet, aber warmes Wasser existiert nur im Prospekt, und der Fahrstuhl ist am Morgen abgestellt, so dass wir zu Fuß vom 6. Stock mit dem Gepäck hinunterlaufen müssen. Die heutige Etappe führt uns erneut ins Gebirge. Doch das tiefe Grün von gestern ist einer trockenen lehmhaltigen Landschaft gewichen. Überall werden die Terrassenfelder abgeerntet, die Straßen dienen über lange Abschnitte als Tennen. Ein erster Wüsten-Hauch liegt in der Luft. Nach gut 70 Kilometern fahre ich in das Wei-Tal ein, ein weites Tal, das durch den Wei-Fluss eingeschnitten wurde. Entlang einer 100 Meter hohen rötlichen Felswand führt die Straße an einem abenteuerlichen Kloster vorbei. Das kleine Hauptgebäude steht noch auf ebener Erde, dahinter aber thronen zwei weitere Gebäude direkt in den Bergklippen. Zwei daoistische Mönche winken uns herbei. Sie laden uns zum Frühstück ein. Dank der Chinesischkenntnisse von Oliver Fülling können

Eine unglaubliche Naturlandschaft: der Nationalpark von Guanshan.

03 | 7 | 2000

04 | 7 | 2000

Faszinierende Bergwelt mit terrassenartigen Hängen: der Xinglong Shan.

»... Noch ein paar Jahre leben zu dürfen – gesund, ohne Sorgen, mit Politikern, die wissen, was sie wollen und uns nicht ›in die Pfanne hauen‹ ...«

Christiane Klebitsch (76 Jahre) aus Berlin/Deutschland

wir uns gut verständigen. Der Tempel stammt aus dem 7. Jahrhundert, und in ihm wird der konfuzianische Gelehrte und Dichter Cen Shen verehrt. Er machte sich im 8. Jahrhundert einen Namen mit Gedichten über die Seidenstraße.

Am Grab von Dschingis Khan

Was für ein Kontrast! Nach zwei Tagen in der fantastischen Berglandschaft muss ich heute über eine stark befahrene Landstraße. Endlose Kolonnen von Lkws rollen an mir vorbei. Ein Indiz dafür, dass unser Ziel Lanzhou das wichtigste Industriezentrum im Westen Chinas ist.

Urplötzlich verlassen wir das trockene, staubige Tiefland und fahren in eine dicht bewaldete Bergwelt hinein. Wir passieren den Xinglong Shan (Xinglong-Berg), eine der unbekannten und dennoch wichtigen Sehenswürdigkeiten Chinas. Inmitten dieser idyllischen Landschaft lag nämlich bis 1954 das Mausoleum von Dschingis Khan, das danach in die äußere Mongolei verlegt wurde. Heute erinnert nur noch ein Tempel mit seiner Statue an dieses Grab.

Wir erreichen früh unser Ziel Lanzhou und haben Zeit für einen Stadtbummel. Das Stadtbild ist geprägt von den Hui (chinesische Moslems) und Uiguren. Selbst die Kaufhäuser sind wie orientalische Basare organisiert.

William und Shirley Conrad erklären Hubert Schwarz die Operationstechnik.

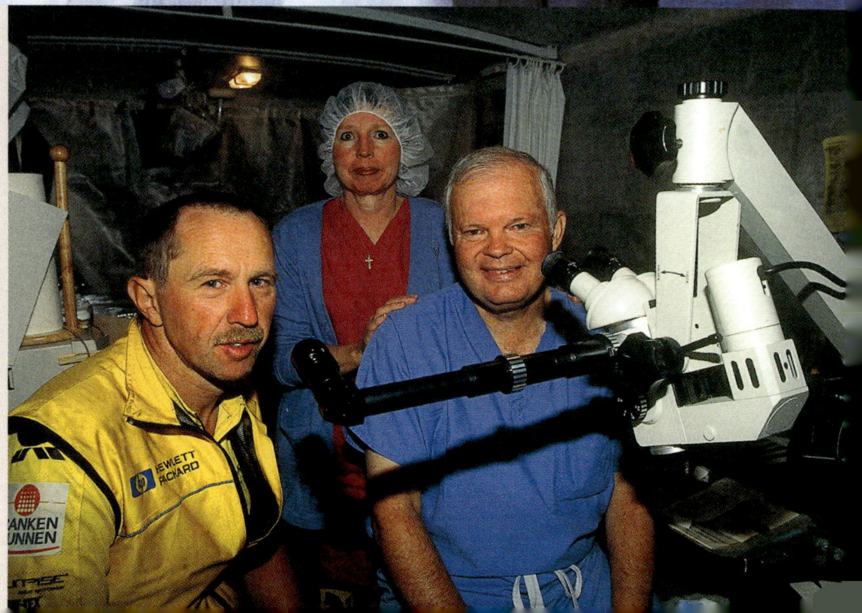

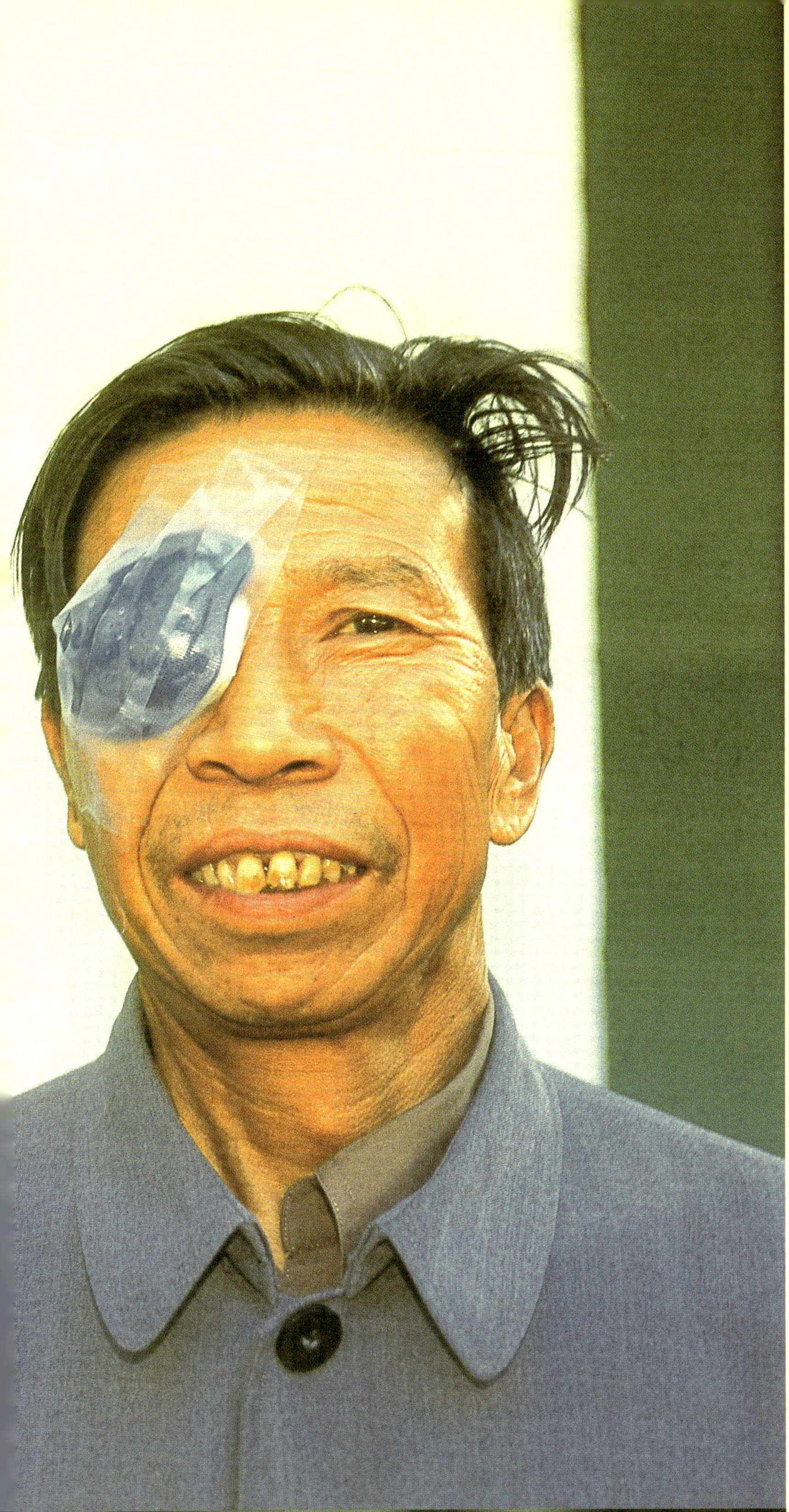

Noch sehen die zwei mit einem Auge, aber nach der Operation können sie bald mit zwei Augen in eine bessere Zukunft blicken.

Wer hätte das erwartet: Vor uns liegen 240 Kilometer durch die Ausläufer der Wüste Gobi. Am Horizont leuchten die bis zu 5.000 Meter hohen Qilian-Berge. Die Temperaturen sind irrsinnig heiß, doch ich denke an Zhangye zurück, wo wir ein amerikanisches Ehepaar kennen gelernt haben. William und Shirley Conrad operieren chinesische Patienten am grauen Star. William hat uns angeboten, einen Vormittag in der Augenklinik zu verbringen. Natürlich haben wir das Angebot angenommen. Ein echtes Projekt der Zukunft ist dort entstanden, ein Projekt, das den Betroffenen eine neue Zukunft gibt. Die amerikanische Organisation »Gansu« (Gaining a New Sight for Unseeing in China) hilft seit acht Jahren Menschen, die am grauen Star erkrankt sind. Nach einer Operation von 30 Minuten bekommen sie ihr Augenlicht zurück. Zwei umgerüstete Wohnwagen dienen als Operationsraum. Jedes Jahr wird ein neuer Standort gewählt, meist ist es ein Klinikgelände in Gansu. Bislang wurden 2.200 Patienten operiert; sie bekamen eine neue Linse eingesetzt und konnten nach 24 Stunden wieder sehen. Jedes Jahr schafft das Team etwa 500 Patienten. Einige waren seit 30 Jahren blind – ein unglaublich bewegender Moment für die Betroffenen und ihre Familien, die in Festtagskleidung zum Operationstermin kommen. Dr. William C. Conrad ist Präsident des Projekts und für zwei Monate in Zhangye, während seine Frau Shirley drei Monate bleiben wird. Sein Team besteht aus sechs amerikanischen Freiwilligen sowie vor Ort rekrutierten Ärzten, denen die Operationstechnik beigebracht wird. Jährlich sammelt »Gansu« rund 150.000 US-Dollar an Spenden. Von dem Geld werden die einzusetzenden Linsen und die Medikamente bezahlt. Der Grund für das Engagement ist eine Familientradition: Williams Großeltern haben in China 35 Jahre lang als Missionare gewirkt. Seine Mutter lebte acht Jahre in Gansu. Das ganze Projekt entstand im Zuge einer Reise, als William sehen wollte, wo seine Großeltern und seine Mutter in China gelebt haben. Das Projekt macht mir Mut für meine Mission: Denn hier wird Menschen eine neue Zukunft gegeben. Ich bin froh, dass ich Zeuge dieser bewegenden Momente sein durfte.

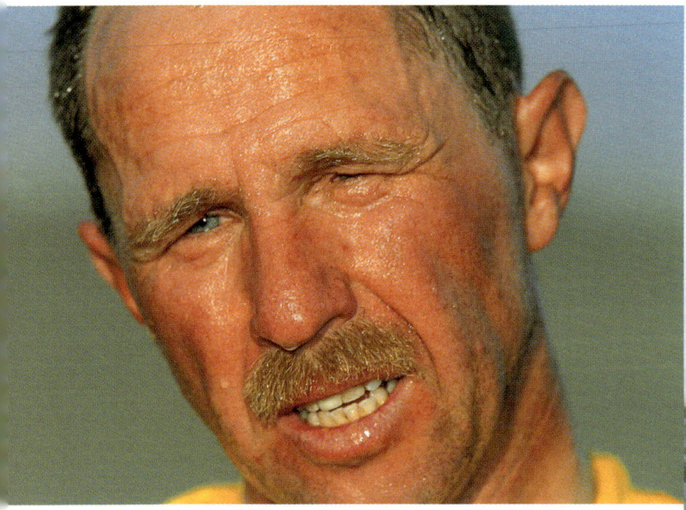

Angenehme Temperaturen erwarten mich heute Morgen. Nach den ersten 25 Kilometern überquere ich den Gelben Fluß. Von nun an führt der Weg durch den berühmten Hexi-Korridor. Dies ist der einzige Durchlass, der in den fernen Westen führt. Mehr als 1.000 Kilometer ist der Korridor lang und misst an der breitesten Stelle 100 Kilometer. Schon im 1. Jh.v.Chr. eroberten die Chinesen den Weideplatz der Hunnen. Seitdem gehört er zum Reich der Mitte. Die Berge um mich herum zeigen die nahe Wüste Gobi an. Fast unmerklich führt die Straße bergauf.

Am Nachmittag wird unser Hexi-Abenteuer durch eine 25 Kilometer lange Straßenbaustelle getrübt. Überall hämmern Bauarbeiter, und die vorbeifahrenden Fahrzeuge wirbeln riesige Staubmassen auf, die mir nahezu den Atem nehmen. Ich komme trotzdem gut voran, und wir erreichen pünktlich unser Ziel Wuwei, eine historische Stadt. Ihre Tempel und Burgruinen zeugen von der einstigen Bedeutung der Seidenstraße. Morgen werden wir auf weitere Zeugnisse treffen, unter anderem die Große Mauer, die China vor den einfallenden Nomadenhorden schützen sollte.

Zwei Tage später erreichen wir Jiayuguan, die letzte Oase für die kommenden 400 Kilometer. Am frühen Morgen ist die Luft noch angenehm kühl. Ideal für einen Besuch des weitläufigen Forts. Hier war Chinas Grenze vor 2.000 Jahren. Wer China verließ, hatte von nun an viele Feinde: die erbarmungslose Wüste, marodierende Banden, glühende Hitze im Sommer oder grimmige Kälte im Winter. Es herrscht starker Rückenwind; rechts und links von der Straße nur Geröllwüste, so weit das Auge reicht.

In der Mittagspause sitzen wir in einem Fernfahrerrestaurant und wundern uns über die Unmengen Alkohol, die die Fahrer trinken. Die Folgen sehen wir schon kurz danach. Ein Lkw ist auf schnurgerader Strecke in den Graben gekippt. Lutz Gabriel gelingt es, den Laster mit dem Unimog wieder aufzurichten. Wenig später liegt ein weiterer Wagen umgekippt neben der Straße. Insgesamt passieren wir vier solcher Unfälle. Glücklicherweise gehen alle glimpflich aus.

»... Einmal die ganze Welt umarmen, einmal sich in die Zukunft entführen lassen oder noch einmal ein Ereignis wie die Mondlandung im Jahr 1969 miterleben können ...«

Manfred R. (45 Jahre) aus Bremen/Deutschland

Der nächste Morgen beginnt jedoch mit einem schweren Unfall: zwei Tote und zwei Schwerverletzte. Ein schrecklicher Tribut an die heiße, langweilige Strecke. Viele Fahrer bekämpfen die Monotonie mit Unmengen von Schnaps. Die Hitze wird langsam unerträglich, und ich kämpfe gegen die Langeweile. Nur das Mittagessen bietet Abwechslung. Der Nachmittag ist sehr heiß, mehr als 40 Grad Celsius im Schatten. Die

Der japanische Ultraman Yoshitaro Nakayama ist zu Fuß unterwegs durch die Wüste.

»... Meine Zukunft hat bereits begonnen! Ich habe den Mann meiner Träume getroffen. Er ist meine große Liebe. Er wohnt leider weit weg, aber trotz dieser Entfernung, haben wir eine wunderschöne Beziehung ...«

Janet (32 Jahre) aus Baden-Baden/Deutschland

Straße führt schnurgeradeaus durch Geröllwüste. In dem Fernfahrerstopp »Xinxingxia« passieren wir die Grenze zur autonomen Region Xinjiang. Inmitten der Geröllwüste schlagen wir die Zelte auf und machen ein kleines Lagerfeuer mit vertrocknetem Holz aus einem ausgetrockneten Flussbett. Eine Überraschung gibt es kurz vor Sonnenuntergang, als vier Männer auftauchen. Sie arbeiten in einer nahe gelegenen illegalen Goldmine.

Der Ultraman aus Tokio

Die heutige Strecke ist nur heiß und schier endlos. Zum Glück herrscht Rückenwind. Auf halber Strecke sehe ich die Silhouette eines Wanderers. Ich halte an und frage ihn, wer er ist, und was er tut. Sein Name ist Yoshitaro Nakayama, er kommt aus der Nähe von Tokio und ist zu Fuß von Xi'an nach Ürümqi unterwegs. Anschließend will er von Kunming in Südchina über Vietnam und Laos nach Thailand wandern. Mehrere »Ultraman« weltweit hat er mitgemacht, Wettklettern auf den Fudschijama absolviert und vieles mehr. Sein einziger Wunsch ist, etwas Kerniges zu essen, und so bekommt er von uns ein paar Müsliriegel.

Gegen Mittag erreicht unser Tross Hami. Es ist glühend heiß, die Temperatur liegt bei 48 Grad Celsius und morgen, auf der 400 Kilometer langen Etappe nach Turfan, sollen sogar die 50-Grad-Marke überschritten werden. Turfan liegt 150 Meter unter dem Meeresspiegel und gilt als der heißeste Punkt Chinas.

Malerkolonne in der Wüste: Fünf Frauen ziehen die weißen Markierungslinien nach.

Ein ewiger Feind: Staub und Gegenwind bei brütender Hitze.

Friedhof in den »Flammenbergen«

Staub, Hitze, löchrige Ausweichpisten und hupende Lkws lassen die Weiterfahrt zur Tortur werden. Doch plötzlich steht mitten in der Geröllwüste eine Lehmhütte, in der kalte Getränke und gutes Essen serviert werden. Das Thermometer hat mittlerweile die 40-Grad-Marke überschritten. Es geht bergab, von 1.600 auf 500 Meter, und schließlich fahren wir in die Turfan-Senke. Wir befinden uns am zweittiefsten Ort der Welt. 150 Meter unter dem Nullpunkt liegt die Oase. Inmitten roter Berge radle ich an einem islamischen Friedhof vorbei. Ich erfahre später, dass es sich um die Flammenberge handelt. Sie tragen ihren Namen zu Recht, das Thermometer zeigt 53 Grad Celsius an. Eine Gluthitze schlägt mir entgegen. Am Abend sind alle froh, endlich im Hotel zu sein.

Ein Besuch im Minarett

Heute ist frei! Ausschlafen und gemütlich frühstücken, das haben wir uns seit Tagen gewünscht. Doch die Sonne brennt heute erbarmungslos, und wir stehen deswegen früh auf. Wir besuchen das Emin-Minarett, das einzige im afghanischen Stil errichtete Minarett in China. Gebaut wurde die Anlage im 18. Jahrhundert – in Jiaohe, einer großen Ruinenstadt, die bereits vor 2.000 Jahren gebaut und von den Mongolen im 14. Jahrhundert zerstört wurde.

Durch die »Trockene Schlucht«

Heute beginnt die Umfahrung der Taklamakan, der zweitgrößten Sandwüste der Welt. Wegen der großen Hitze, die schon kurz nach Sonnenaufgang auf mehr als 40 Grad Celsius steigt, wollen wir Turfan in den »kühlen Morgenstunden« verlassen. Um 5 Uhr morgens strahlen die Stufen der Hoteltreppe noch eine Menge Wärme ab, und die Luft hat die 35-Grad-Marke nicht unterschritten.

Aus der Turfan-Senke geht es zunächst stetig in nordwestlicher Richtung. Zur Steigung kommt ein orkanartiger Gegenwind. Rad fahren ist jetzt unmöglich. Erst als wir nach Südwesten abbiegen und der Wind von hinten bläst, steige ich aufs Rad. Durch die grandiose »Trockene Schlucht« windet sich die Straße durch die Qoltag-Berge bis auf fast 1.800 Meter hinauf.

Ich nutze jede Form der Abkühlung. Aus dem Versorgungswagen reichen mir Oli und Franky Wasserflaschen, die ich mir über den Helm schütte, um einen kühlen Kopf zu behalten. Ich teste auch die chinesische Variante mit einem nassen Handtuch über den Kopf. Leider

Immer wieder trinken, trinken und nochmals trinken, damit der Kopf kühl bleibt, und der Körper nicht austrocknet.

passt jetzt mein Helm nicht mehr. Als kurz vor unserem Etappenziel Hoxud ein klarer Gebirgsfluss aus dem Tian Shan unsere Straße kreuzt, kenne ich kein Halten mehr. Mit samt dem Fahrrad und in voller Montur stürze ich mich in die Fluten.

Am Bosten-See

Die Oase Korla ist die Hauptstadt des autonomen mongolischen Distrikts Bayingoleng, was so viel wie »Reiche Wasserquelle« bedeutet. Eingebettet zwischen der Wüste Taklamakan und den kargen Bergen des Tian Shan ist die Region bekannt für ihren Reichtum an Agrarprodukten. Der Distrikt ist größer als Deutschland, Österreich und die Schweiz zusammen, wird aber nur von ca. 800.000 Menschen besiedelt. Die Region um den Bosten-See wird durch eine sumpfige Schilflandschaft

Ein erhabener Berg: der Tian Shan mit dem Pik Pobedy.

geprägt. Jährlich werden ca. 300.000 Tonnen Schilf für die Papier- und Viskoseherstellung geerntet. Außerdem ist der See, der mehr als 1.000 Quadratkilometer groß ist und an der tiefsten Stelle gerade mal 16 Meter misst, das wichtigste Fischzuchtzentrum Xinjiangs. Die Salzkrusten entlang der Straße deuten auf den hohen Salzgehalt des Sees hin.

Auf dem Weg nach Kashgar

Von Korla geht es über Luntai nach Kuqa. Wir sind jetzt auf der Nordroute der Seidenstraße, die sich in Korla teilt und das Tarim-Becken mit der Wüste Taklamakan umgeht. Zwischen Wüste und den Gipfeln des Tian Shan zieht sich dieser Teil bis nach Kashgar, einer historischen Drehscheibe der alten Seidenstraße. Die Strecke ist extrem schlecht und holprig. Manch einheimischer Trucker verliert dabei völlig die Kontrolle über seinen Wagen, wie man an den umgestürzten Lkws sehen kann. Ein Busfahrer hat bei dem Versuch, einen Graben zu überfliegen, sogar seine Vorderachse vergessen.

Bei den Uiguren

Kuqa ist eine kleine Stadt, fast 5.000 Kilometer von Xi´an, dem Startpunkt der Seidenstraße, entfernt. Das Stadtbild ist geprägt von den Uiguren, einem islamischen Turkvolk, das sich in Aussehen, Sprache und Kleidung von den Chinesen deutlich unterscheidet.

Markt-Transporte: mit Ziegenbock auf dem Moped (rechts oben) oder mit Gänsen in Tragekörben (rechts unten).

»... Doch nun weiß ich, wenn sich die Liebe als wahre Liebe erweist, zwei Menschen füreinander bestimmt sind, und nichts sie trennen kann ...«

Jasmin K (34 Jahre) aus Düsseldorf/Deutschland

Nach einem Spaziergang tauchen wir ein ins Nachtleben der Uiguren. Auf einem belebten Platz, wo auf unzähligen Grills kulinarische Genüsse (u. a. geröstete Hammelköpfe) zubereitet werden, genießen wir bei einem Bier das bunte Treiben. Mit Hilfe der internationalen Gebärdensprache unterhalten wir uns prächtig mit unseren Tischnachbarn.

Der erste Blick auf den Pik Pobedy

In der aufgehenden Sonne sehen wir auf der einen Seite die Ausläufer des Tian Shan und auf der anderen Seite die endlose Weite der Taklamakan. Nach 100 Kilometern ist der Spaß vorbei – eine Baustelle, und wieder heißt es Staub schlucken. Doch ich habe vorgesorgt: Mit einer echt chinesischen Atemschutzmaske nehme ich den Kampf auf. 50 Kilometer vor Aksu erscheinen am Horizont die schneebedeckten Gipfel des Tian Shan, die bereits in Kirgistan liegen. Der Pik Pobedy überragt mit seinen 7.439 Metern alle anderen. Davor stehen die »Flammenberge«, die mit ihren verschiedenen Rottönen im Abendlicht erstrahlen.

Kashgar: die größte Oase Chinas

Ich bin beflügelt von dem Gedanken, morgen in Kashgar einen Ruhetag einzulegen, bevor wir in die zentralasiatischen Länder Kirgistan, Usbekistan und Turkmenistan aufbrechen. Um 16 Uhr sind wir in Kashgar. Sie ist die größte Oase Chinas, umgeben von der Wüste Taklamakan im Osten, dem Tian Shan im Norden und dem Pamir im Westen. Seit 2.000 Jahren verbindet dieser Verkehrsknotenpunkt der Seidenstraße China mit Persien, dem Mittelmeer und Indien. Kashgar ist heute politisches, wirtschaftliches und kulturelles Zentrum Süd-Xinjiangs. Der Name Kashgar stammt aus dem Uigurischen und setzt sich zusammen aus den Wörtern »Kash« (glasierter Ziegel) und »Nigar« (Relief).

Wir nutzen den Tag, um in Kashgar Ausrüstung und Fahrzeuge zu überprüfen. Am Mittag besuchen wir den Basar. Eigentlich ist Kashgar berühmt für seinen Sonntagsmarkt, aber auch heute ist das bunte Treiben ein Erlebnis. Bei den Gewürzständen steigen uns die exotischen Düfte in die Nase. Die meisten Gewürze kennen wir gar nicht. An einem anderen Stand hängen getrocknete Eidechsen und Schlangen von der Decke. Ob man damit Speisen wirklich verfeinern kann, bezweifeln wir allerdings.

Am späten Nachmittag werden die Vorräte ergänzt. Auch die Luftfilter werden gereinigt, verschiedene Schrauben nachgezogen, ein Türschloss ausgebaut und wieder in Gang gebracht. Oli hat eine Dose Kokosmilch getrunken, ihm ist total übel. Er pendelt die ganze Nacht zwischen Bett und Bad. Leider kann er deshalb nicht an unserem Abschiedsessen teilnehmen.

Abends im Hotel treffen wir eine Gruppe slowenischer Bergsteiger, die auf den 7.546 Meter hohen Mustagh-Ata gestiegen sind. Sie haben den Gipfel nicht erreicht, Schneestürme und Eiseskälte haben sie überrascht. Sie mussten umkehren. Einer von ihnen liegt mit Erfrierungen an den Händen und Beinen im Krankenhaus, ein anderer ist vom Berg nicht mehr zurückgekehrt. Dazu kommen Probleme mit den chinesischen Behörden, denn sie besitzen ein Gruppenvisum. Dass einer nicht mehr mit ausreist, ist nicht vorgesehen. Wir sind jedenfalls froh, dass für uns in China alles perfekt funktioniert hat, und hoffen auf eine problemlose Ausreise nach Kirgistan.

03910

Deutsche Post World Net
HEWLETT PACKARD

Zentralasien – die Seide, der Islam und »Future«

Entlang der alten Seidenstraße

Was für eine andere Welt: Die Städte Taschkent, Samarkand oder Buchara mit ihren Moscheen und Palästen erinnern an Märchen aus Tausendundeiner Nacht. Und die Menschen dort leben noch streng nach den Geboten des Islam. Dagegen wirkt sogar die Islamische Republik Iran weltoffen und liberal.

Eine einsame Jurte im Hochland von Kirgistan.

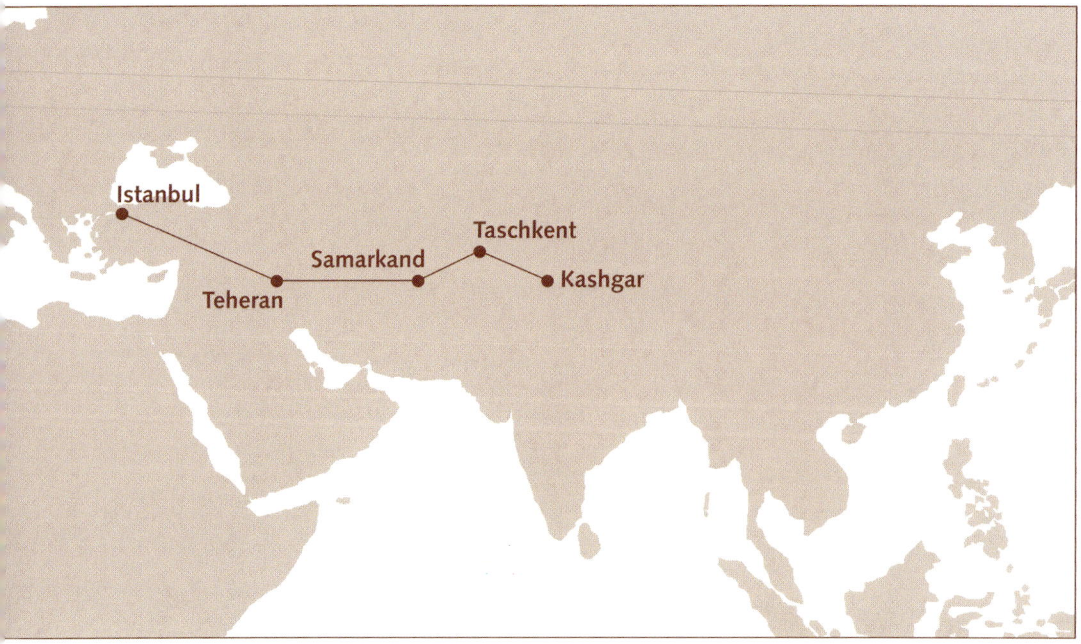

Es gibt Probleme wegen unserer Ausreise aus China. Auf dem Plan unseres Begleiters ist der 21. Juli angegeben, laut unserem Routebook passieren wir die Grenze bereits heute. Irgendwo hat sich bei der Übermittlung ein Fehler eingeschlichen, den niemand bemerkt hat. Nach einigen Telefonaten planen wir in Richtung Grenze zu fahren und hoffen, dass uns die Grenzbeamten ausreisen lassen. Radeln darf ich ohnehin nicht, und das Fotografieren ist auf dem Weg zur Grenze nicht erlaubt.

Nach 60 Kilometern ist der erste Grenzposten erreicht. Zwei Stunden später geht es weiter zur 100 Kilometer entfernten Grenze nach Kirgistan. Die Piste steigt stetig an, wir überschreiten die 3.000 Meter. Zehn Kilometer vor der Grenze ein weiterer Posten in 3.500 Meter Höhe. Die letzten Kilometer geht es hinauf zum 3.752 Meter hohen Torug-Art-Pass. Ein riesiger Torbogen markiert die Grenze zu Kirgistan. Wir verabschieden uns von Si-Chen, der vier Wochen lang unser treuer Guide war. Er ist uns zum Freund geworden. Ich denke in diesem Moment: »Mensch, Si-Chen, was hatten wir für einen Spaß zusammen.« Wie wir in den zurückliegenden Tagen gelernt haben, ist er eine Ausnahme in China.

Auf der anderen Seite des Triumphbogens in Kirgistan nehmen uns Heike Gabriel, die Schwester unseres Teammitglieds Lutz Gabriel, und ihr Kollege Wolfgang Schulz in Empfang. Beide arbeiten bei der Deutschen Botschaft in der 500 Kilometer entfernten Hauptstadt Bishkek. Dank ihrer Hilfe wird die Grenzabwicklung schnell erledigt. Ich kann wieder aufs Rad, und los gehts ins zentralasiatische Kirgistan bei 9 Grad Celsius und schnee- und wolkenbedeckten Berggipfeln. Uns bietet sich ein tolles Panorama, das an die schottischen Highlands erinnert.

Kurz hinter der Grenze treffen wir auf Michael Krupka aus Dortmund und Marcel Schröter aus Frankfurt. Sie sind vor vier Monaten in Deutschland gestartet. Eineinhalb Jahre wollen sie mit dem Rad um die Welt fahren. Vor zehn Tagen waren sie schon einmal an der Grenze, konnten aber keine Einladung für China vorweisen und mussten deswegen umkehren. Jetzt hoffen sie, dass sie jemand auf der anderen Seite erwartet, um nach Tibet einreisen zu können. Nach dem obligatorischen Erfahrungsaustausch und Erinnerungsfotos geht es weiter hinein ins wilde Kirgistan.

»Nomaden auf Zeit«

Wir haben abseits der Straße bei einer alten Karawanserei übernachtet. Die »Tash-Rabat-Karawanserei« ist ein Relikt der alten Seidenstraße, als hier die Karawanen von und nach Kashgar Station machten. Sie liegt in einem windgeschützten Seitental und gilt als Geheimtipp. Neben dem alten Steingebäude, das aus dem 15. Jahrhundert stammt und 1984 renoviert wurde, kann man in einer kirgisischen Jurte übernachten. Wir haben leider Pech und müssen unsere Zelte aufschlagen. Eine deutsche Reisegruppe ist uns zuvorgekommen.

Kirgistan ist ein Gebirgsland. Fast die Hälfte des Landes liegt mehr als 3.000 Meter über dem Meeresspiegel. Der höchste Berg ist der 7.439 Meter hohe Pik Pobedy (Berg des Sieges) im Osten an der Grenze zu China. Neben den großen Bevölkerungsgruppen der Kirgisen, Russen und Usbeken leben hier noch 21.000 Deutsche.

20 | 7 | 2000

21 | 7 | 2000

Von Tash-Rabat aus fahren wir Richtung Naryn. Wir bewegen uns auf einer Höhe von über 2.500 Metern. Der eine oder andere Pass zwingt mich noch mal über die 3.000er Grenze. Die Menschen, die wir unterwegs treffen, winken uns zu, egal ob zu Pferde, ob aus dem Auto oder am Straßenrand stehend.

Wir haben ein ruhiges Plätzchen in der Nähe einer einsamen Jurte gefunden. Drumherum grasen Pferde, Kühe, Schafe und Ziegen. Niemand hat etwas dagegen, dass wir hier campieren. In einem Nomadenland fallen wir als »Nomaden auf Zeit« allenfalls durch unsere gelben Wagen auf.

Am Abend lädt uns unser kirgisischer Nachbar in seine Jurte ein. »Jurt« heißt so viel wie Vaterland, Heimstatt und ist mehr als ein Dach über dem Kopf. Seit Jahrhunderten sind die Rundzelte in Zentralasien in Gebrauch. Sie haben sich als optimaler Schutz gegen Wind und Wetter bewährt, obwohl sie nur aus Holz und Filz bestehen. In den Wintermonaten werden sie kaum bewohnt. Die Hirten und Bauern ziehen dann in ihre ländlichen Siedlungen. Doch die Jurten sind als Sommerhäuser nach wie vor beliebt. Der Innenraum ist mit Teppichen ausgelegt und sehr gemütlich. Zur Gastfreundschaft gehört, dass man diverse kulinarische Leckereien anbietet, an die sich unser Gaumen wohl nie gewöhnen wird. Sie aber abzulehnen ist unhöflich. »Kumis« – gegorene Stutenmilch – ist eine dieser Spezialitäten. Ich bekomme einen echt kirgisischen Hut geschenkt und heiße von jetzt an »Hubert der Kirgise«. Wir revanchieren uns mit Hemden und einem Buch. Zum Abschied darf ich eine Ehrenrunde auf dem Pferd reiten.

In der Nacht beginnt es zu regnen, auch der Vormittag bringt keine Besserung. Wir packen die nassen Zelte ein und fahren weiter Richtung Issyk-Kul-See. Noch einmal geht es über einen 3.000er Pass, vorbei an dem türkisfarbenen Stausee »Issyk-Kul«, was »warmes Wasser« bedeutet. Aufgrund seines leichten Salzgehaltes friert der See im Winter nicht zu. Sein Wasser ist glasklar. Der See ist ein faszinierendes Naturereignis. Wir suchen uns einen Platz am Südufer. Obwohl es bedeckt und kühl ist, wagen einige von uns einen Sprung in die Fluten. Nach einem hervorragenden Abendessen mit russischem Bier und kirgisischem Wodka machen wir ein Lagerfeuer am Seeufer. Der Himmel ist bedeckt, und in den Bergen hängen tiefdunkle Regenwolken. Deswegen haben wir zuvor eine Regenplane zwischen die Autos gespannt. Aber es regnet nicht.

Mensch und Natur in Kirgistan

Die gesamte See-Region ist seit 1997 ein Biosphären-Reservat und Teil des ökologischen Programms »Mensch und Biosphäre«, das die UNESCO 1970 ins Leben gerufen hat. Das Land soll nachhaltig genutzt werden, wobei der Mensch und die wirtschaftliche Nutzung der Natur im Vordergrund stehen. Hierin unterscheiden sich die Biosphären-Reservate von reinen Naturschutzgebieten.

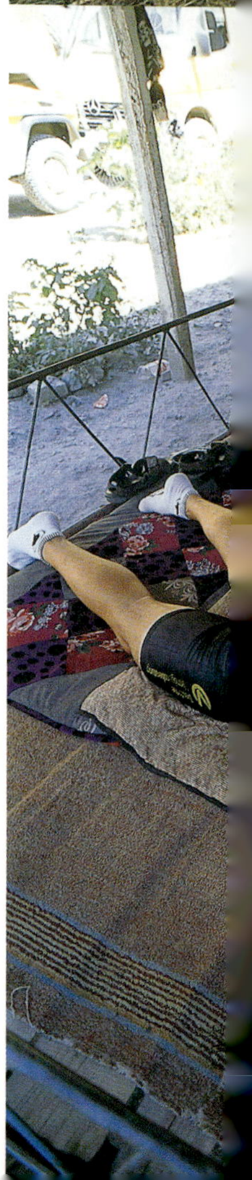

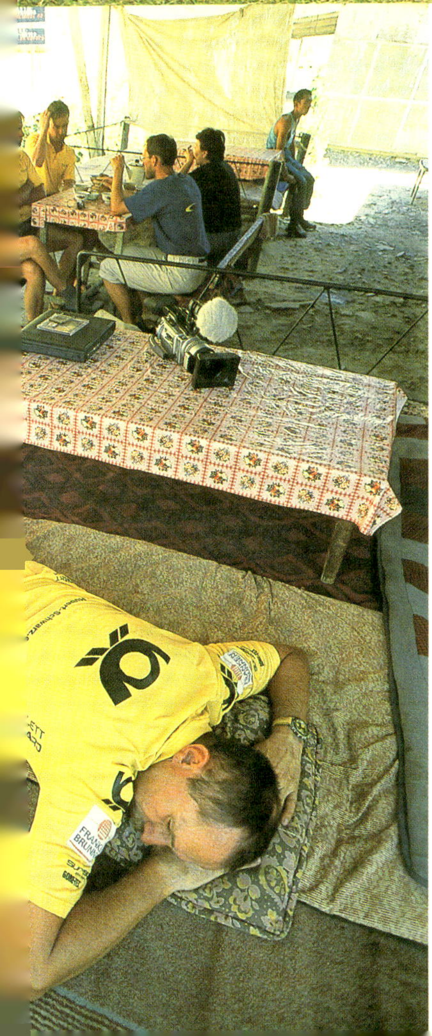

In Balykchy werden wir vom Leiter des Reservates, Herrn Toktosunov, empfangen. Bei Kaffee und gegorener Stutenmilch erklärt er uns das Gebiet. Er betont ausdrücklich, dass ohne die finanzielle und materielle Unterstützung aus Deutschland – vertreten durch die GTZ – das Projekt nicht existieren könnte.

Nach seiner Präsentation schauen wir uns einen Teil des Reservates an. Zur Begrüßung erhalten wir von örtlichen Vertretern Brot und Salz, eine Folkloregruppe spielt zu Ehren unseres Teams. Wie immer drängt die Zeit, wir müssen heute noch in die 170 Kilometer entfernte Hauptstadt Bishkek.

Die »grüne« Stadt Bishkek

In Bishkek müssen wir einige Formalitäten erledigen. Wir brauchen einen weiteren Stempel, den so genannten »Ovir-Stempel«, der nachweist, dass wir uns bei der Behörde ordnungsgemäß gemeldet haben. Den Sinn versteht keiner. Jörg hat unsere Zweitpässe mit den sehnsüchtig erwarteten Visa für den Iran mitgebracht. Auf unseren Pässen stehen die Worte »Welcome to Iran«. Am Nachmittag sehen wir uns die Stadt an und ergänzen unsere Vorräte. Bishkek ist eine der grünsten Städte der Welt: Auf einen Einwohner kommen 100 Quadratmeter Grünfläche – in Bishkek leben 650.000 Menschen. Viele Parkanlagen und unzählige Alleen sorgen dafür, dass die Einwohner den kurzen Sommer genießen können.

Unsere Gastgeberin kocht den Abendtee vor ihrer Jurte.

Stau vor und in dem Tunnel

Von Bishkek aus fahren wir weiter in Richtung Westen bis Kara-Balty. Dort biegen wir nach Süden ab. Nach weiteren 70 Kilometern führt die Straße in die Berge zum »Tus-Asuu-Tunnel«. Er ist zurzeit nur nachts zwischen 19 und 7 Uhr geöffnet, weil die ganze Straße über 40 Kilometer vor und 30 Kilometer nach dem Tunnel neu gebaut wird.

Auf staubigen Landstraßen durch das wilde Kirgistan.

Herzlicher Folklore-Empfang im Reservat.

»... Zukunft bedeutet für mich, dass ich anfange zu arbeiten. Zukunft bedeutet auch Fortschritt, Frieden und nochmals Frieden. Womit ich meinem Freund Stefan sagen will: Ich liebe dich! ...«

Jasmin B. (19 Jahre) aus Kassel/Deutschland

Eine abenteuerliche Pass-Straße, die eine einzige lange Baustelle ist. Die vielen Baustellenfahrzeuge und der Staub machen es mir nicht leicht.

Vor dem Tunnel stauen sich etwa 250 Fahrzeuge, es geht einfach nicht weiter. Der Konvoi aus der Gegenrichtung hängt fest! Ein Sattelschlepper mit Überbreite steht vor einem Wartungsgerüst kurz vor dieser Seite des 2,5 Kilometer langen Tunnels und kommt nicht weiter. Alle anderen Fahrzeuge stehen dahinter und hupen ungeduldig.

Irgendwie klappts dann doch, nur versperren jetzt die Autos auf dieser Seite die Durchfahrt. Es beginnt eine wilde Rangiererei, keiner will seinen mühsam ergatterten Platz räumen, trotzdem ist irgendwann eine Gasse geschaffen. Als der Letzte aus dem Tunnel ist, setzt sich der gesamte Konvoi gleichzeitig in Bewegung. Resultat: Nichts geht mehr. Wieder rangieren, hupen, fluchen, Millimeterarbeit, Staub und jede Menge Abgase. Dann sind wir irgendwann im Tunnel, vor lauter Dieselruß sieht man fast nichts mehr, und wir hoffen nur, dass wir nicht stecken bleiben. In der Nacht sieht man kein Licht am Ende des Tunnels, doch plötzlich sind wir durch. Eine endlose Schlange Fahrzeuge windet sich die Serpentinen hinab, die Scheinwerfer bilden eine schöne Lichterkette. 20 Kilometer hinter dem Pass schlagen wir unser Nachtquartier unter sternenklarem Himmel auf.

Der glasklare Toktogul-See

Der Morgen begeistert uns mit einer schönen Aussicht: ein weites Tal, grüne Wiesen und ringsherum schneebedeckte Berge. Nach dem Frühstück geht es zurück zur Straße. Ich fahre auf stetig wechselnden Belägen: mal eine neue Teerstraße, mal eine alte, durchlöcherte Straße oder eine ungeteerte Umleitung. Auf der Straße zum 3.184 Meter hohen Ala-Bel-Pass stoppt uns plötzlich ein Schlagbaum. Unser Versprechen, langsam zu fahren, erweicht die Posten: Wir dürfen passieren.

Die Straße führt durch ein enges Tal an einem klaren Gebirgsfluss entlang, in den man am liebsten hineinspringen würde. Allein die Wassertemperatur hält uns davon ab. Am Ende des Tales liegt der riesige Toktogul-Stausee, der uns wegen seiner türkisen Farbe magisch anzieht. Der See ist überraschend warm und glasklar. Es gibt für uns kein Halten mehr, und wir springen in das erfrischende Nass.

»... Die Liebe meines Lebens für den Rest meines Lebens zu behalten. Und meine Liebe ist mein Leben, und mein Leben ist Christian. Mit ihm möchte ich meine Zukunft verbringen ...«

Carina D. (17 Jahre) aus Cuxhaven/Deutschland

Rostig und aus Wellblech: die erste Grenzstation in Kirgistan.

Reparatur auf der Straße: Die Lichtmaschine ist ausgefallen, das G-Modell muss abgeschleppt werden.

Es geht nichts mehr!

Am frühen Morgen ahnt niemand, auf welche Schwierigkeiten wir an diesem brütend heißen Tag noch stoßen werden. Zunächst verläuft alles nach Plan: Ich absolviere trotz der hohen Temperaturen und vielen Steigungen die malerische, rund 50 Kilometer lange Uferstraße entlang des aufgestauten Flusses.

Doch plötzlich haben wir ein Problem: Die Lichtmaschine im Sprinter lädt die Batterie nicht mehr auf, das Auto bleibt stehen. Die Batterien von G-Modell und Sprinter werden auf freier Strecke ausgetauscht. Das hilft erst mal – auch wenn der Kühlschrank im Sprinter stillgelegt werden muss.

Schließlich das wesentlich schwierigere Problem: Beim G-Modell gehen plötzlich alle Warnlichter an, die Motorleistung sinkt rapide, die Servolenkung fällt aus, der Wagen fährt nur noch Schritt-Tempo. Erste Diagnose: gerissener Keilriemen. Zweite Diagnose: Der Ersatz-Keilriemen passt nicht. Dritte Diagnose: Das ganze Unheil hat das Gehäuse des Klimaanlagen-Kompressors geborsten. Da hilft nur noch Abschleppen!

Per Satellitentelefon bringt Lutz den Mercedes-Service auf Trab. Dort sagt man prompte Ersatzteil-Lieferung per Luftfracht zu – allerdings ist die Zustellung nur ins rund 500 Kilometer entfernte Taschkent (Usbekistan) möglich. Bis dorthin muss der »G« vom Unimog abgeschleppt werden. Weil der »G« ein Automatikgetriebe hat, muss Lutz in schweißtreibender Arbeit die Antriebswellen lösen. Schließlich macht sich das ungleiche Fahrzeuggespann ganz langsam auf den Weg ins Etappenziel Os. Die hereinbrechende Dunkelheit und vor allem die verzwickte Route, die über extrem staubige Rüttelpisten führt, fordern ihren Tribut.

Nach Usbekistan

Nach der Abschleppaktion ist das Team am frühen Morgen in Os wieder vereint. Der Grenzstadt zu Usbekistan ist das Erbe der untergegangenen Sowjetunion deutlich anzusehen: Die schmuddeligen Fassaden der gesichtslosen Plattenbauten sprechen Bände. Nur die Beschallung der Straßencafés mit westlicher Popmusik lässt ahnen, dass hier die Uhren inzwischen anders gehen.

Der greise Mann in Samarkand wünscht der Tour Allahs Segen.

Der Grenzübertritt von Kirgistan nach Usbekistan dauert rund zwei Stunden. Die Usbeken nehmen es sehr genau. Sie sind freundlich, aber Wichtigtuerei gehört bei ihnen wohl dazu. Bei brütender Hitze schaffe ich rund 200 Kilometer bis an den Rand der Kurama Range, einem kahlen Gebirgszug an der Grenze zu Tadschikistan.

Sonderschicht in Taschkent

Über den 2.267 Meter hohen Kamcik-Pass geht es ins fruchtbare Tal des Ohangaron. Die Landschaft ist schön, aber die Straßen sind in üblem Zustand. Ich wechsele mehrmals zwischen Rennrad und Mountainbike. Am Talausgang bei Angren ein völlig anderes Bild: Der Kohletagebau hat einen riesigen Krater in die karge Landschaft gefressen, die Stadt Angren ist eine triste Mischung aus brachliegenden Industrieanlagen und heruntergekommenen Plattenbauten. Ich bleibe tapfer im Sattel, obwohl mich Gegenwind und Hitze plagen.

Am späten Nachmittag treffen wir in Taschkent ein, der Hauptstadt Usbekistans mit vier Millionen Einwohnern. Viel Zeit zum Ausruhen bleibt nicht: Unsere defekten Fahrzeuge müssen repariert werden. Die Ersatzteile sind noch nicht eingetroffen, aber die Mercedes-Niederlassung ist zu allem bereit: Sie will sogar sonntags eine Sonderschicht einlegen! Am Abend ein Abstecher zur Flaniermeile im Zentrum Taschkents. Man kann an den Gesichtern unschwer erkennen, dass in Usbekistan ein buntes Völkergemisch zu Hause ist!

Zirkus im Stadtzentrum

Die Monteure stehen tatsächlich am Morgen bereit, um Sprinter und G-Modell unter die Lupe zu nehmen. Zu Ende bringen können sie die Reparatur jedoch nicht, es fehlen die Ersatzteile, die aus Deutschland eingeflogen werden sollen!

Unsere Zwangspause überbrücken wir mit einem Besuch einer Schaustellertruppe, die unter freiem Himmel im Stadtzentrum gastiert. Schon seit drei Generationen übt die Großfamilie ihr Zirkusgewerbe aus – bescheiden, aber mit großer Ausstrahlung. Die kleinen Knirpse, die durchtrainierten jungen Artisten und natürlich der wortgewaltige Patriarch präsentieren ihre Kunststücke mit Charme und Raffinesse. Zwischen den Nummern mit fliegenden Stahlgewichten und akrobatischen Körperverrenkungen ist Platz für eine kurze Vorstellung meinerseits.

»... Zukunft bedeutet für mich, aktiv an Weltraumflügen teilzunehmen. Einmal pro Jahr möchte ich sechs Monate Urlaub auf dem Mond oder im All machen können ...«

Dagmar B. (46 Jahre) aus Bremen/Deutschland

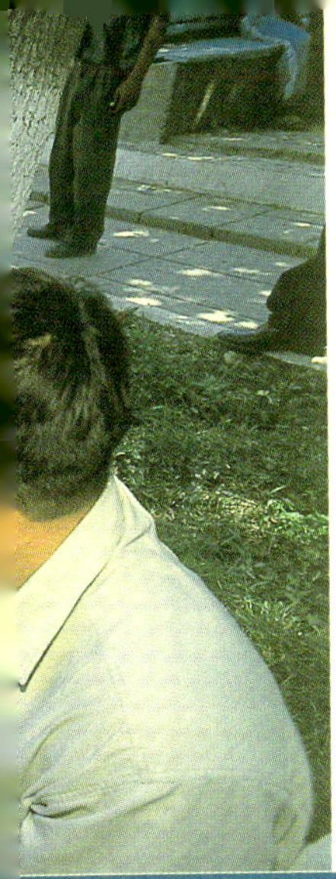

»... dass es in Zukunft keinen Krieg mehr gibt, und Menschen nicht mehr auf der Straße zusammengeschlagen werden. Ich wünsche mir eine glückliche und friedliche Zukunft, in der niemand mehr misshandelt wird ...«

Sarah (13 Jahre) aus Delmenhorst/Deutschland

Mit dem Rad auf Sightseeing-Tour in Buchara vor der Zitadelle.

01 | 8 | 2000

Der Palast von Samarkand (links).

Die Polizei jagt uns!

Die Ersatzteile für den Mercedes G sind eingetroffen. Wir müssen uns bis zum Nachmittag gedulden, ehe der Geländewagen repariert ist.

Eine unheimliche Begegnung mit der Polizei haben Lutz und Christopher auf dem Weg zur Werkstatt. Als sie die Stoppsignale eines Verkehrspolizisten ignorieren, jagt dieser unserer Crew hinterher, um sie mit gezückter Pistole zum Anhalten zu bringen. Er fordert umgerechnet rund 60 Mark Strafe – für das Überfahren einer Linie. Lutz handelt das Bußgeld auf zwei Mark und zwei gelbe Post-T-Shirts herunter. Am späten Nachmittag bricht der Tross in Richtung Samarkand auf. Ich fahre im Auto mit, wir müssen Zeit aufholen.

Allahs Segen in Samarkand

Der halbe Tag gehört Samarkand, der berühmten Stadt an der Großen Seidenstraße. Die historische Altstadt mit ihren zahlreichen Baudenkmälern kann ich nicht mit dem Rad erkunden – jetzt ist Ausdauer zu Fuß gefragt. Den klassischen Blick auf den Palast mit den berühmten Koranschulen Ulughbek, Schirdar und Tella Kari kann man jedoch vom Sattel aus genießen.

Das geschäftige bunte Treiben im Stadtkern steht im Gegensatz zur Arbeit der Restauratoren, die im Verborgenen den alten Glanz der religiösen Prachtbauten wieder herstellen. Obwohl Samarkand eine Hochburg des islamischen Glaubens ist, macht sie einen liberalen Eindruck. Zum Beispiel sind die Frauen nicht verschleiert. Von einem greisen Moslem, der seine »Siesta« auf der Parkbank für eine Plauderei mit mir unterbricht, erhalten wir sogar den Segen Allahs. Auf das Kulturprogramm folgt für mich eine harte Radetappe: mehr als 100 Kilometer bei großer Hitze.

Dreiste Grenzbeamte

Buchara ist neben Samarkand die wichtigste Stadt Usbekistans. Wir besichtigen den historischen Altstadtkern, die Zitadelle, einstiger Regierungssitz und Palast der Herrscher von Buchara.

Danach gehts zur Grenze von Turkmenistan. Für den Grenzübertritt haben wir – in Vorausahnung zentralasiatischer Bürokratie – viel Zeit eingeplant. Unsere Befürchtungen werden bestätigt. Die Ausreise aus Usbekistan erfolgt in vier Stufen, wobei unterschiedliche Offizielle immer wieder das Gleiche tun: Namen notieren, Passnummern aufschreiben, Stempel aufdrücken und natürlich Gebühren kassieren. Den Usbeken ist dafür nichts zu blöd: Gegen eine Zwangsgebühr erhält jedes unserer Fahrzeuge eine Bescheinigung, wonach sein Gebrauch in Usbekistan ökologisch unbedenklich war.

Die Turkmenen sind bei der Einreise noch dreister. Erst lassen sie uns eine Stunde am Schlagbaum warten. Der Grund: Abendessen und Kartenspielen. Danach beginnt ein Formular-Ausfüll-Gebühren-Abdrück-Marathon, der uns knapp vier Stunden Zeit, jede Menge Nerven und nach endlosen Diskussionen um die Klassifizierung unseres Mercedes Sprinters – ist das ein Bus, ein Lkw oder ein Raumschiff? – rund 400 US-Dollar Gebühren kostet, inklusive der Pflichtversicherung für Unfälle auf schneeglatter Fahrbahn. Schneien wird es hoffentlich nicht bei 27 Grad Celsius um 22 Uhr!

Bei angenehmen Temperaturen durch die Hochlandschaft des Ararat.

Ein Nomaden-Zeltdorf am Fuße des Ararat-Berges, wo die Arche Noah gestrandet sein soll.

An den turkmenischen Grenzstationen geht alles schneller als erwartet. Die Zöllner sind überraschenderweise freundlich und hilfsbereit. Kurz vor der zweiten Station werden wir von der Polizei gestoppt. Ein Kleinbus mit sechs französischen Touristen hat einen Motorschaden. Wir nehmen sie samt Gepäck mit zur Grenze. Vielleicht werden wir deshalb so nett an der Grenze abgefertigt.

Auf der iranischen Seite erwartet uns unser Guide Mohammad. Auch hier ist die Grenzabfertigung schnell und unkompliziert. Ehe wir uns versehen, sind wir im Iran. Die Nacht ist kurz, weil wir spontan zu einem iranischen Polterabend in Qucan eingeladen werden. Die Crew feiert bis 6 Uhr morgens. Schlaftrunken gehts weiter. Ich habe eine harte Etappe vor mir: rund 250 Kilometer in westlicher Richtung.

Die Route führt in die Berge; um meinen Job im Sattel beneiden mich die anderen nicht. Gott sei Dank wird es mit zunehmender Höhe kühler. Als wir den Scheitel der Aladag-Berge überquert haben, ändert sich die Landschaft: Statt kärglicher Vegetation und kahler Bergrücken prägen auf der dem Kaspischen Meer zugewandten Seite dichte Wälder die Landschaft.

Ich unterbreche meine Fahrt für eine Stunde, um mich bei kurdischen Nomaden umzusehen, die nahe der Straße ihre Zelte aufgeschlagen haben. An diesem Platz hüten sie ihre Schafe bis zum Winter. Ihren Lebensunterhalt verdient die Großfamilie mit dem Verkauf von Wolle und Schlachttieren. Wir dürfen den Frauen beim Brotbacken zusehen und sind natürlich zum Teetrinken eingeladen. Auch wenn uns die archaische Lebensweise der Nomaden fremd ist – im großen Wohnzelt ist es verdammt gemütlich!

Unser Kameramann Christopher wird derweil von einem Ordnungshüter aus dem Verkehr gezogen, weil er in Sirvan einen Stau filmte. Der Mann befürchtete, die Aufnahmen würden über BBC gesendet und den Eindruck vermitteln, er sei als Polizist nicht in der Lage, ein Verkehrschaos zu entwirren. Die Crew muss im Polizeihauptquartier antreten, und schließlich löst sich die Angelegenheit in Wohlgefallen auf.

Ein junges Lachen in einer kargen Landschaft.

»... Zukunft, was ist das? Jeder hat darüber andere Vorstellungen. Ich wünsche mir, immer Freunde zu haben, auf die man sich verlassen kann, und dass meine Familie von schweren Krankheiten verschont bleibt ...«

Cilly (17 Jahre) aus Leipzig/Deutschland

Backzeit im Wohnzelt und alle schauen zu.

»... Zukunft ist für mich Liebe, Freundschaft, Freunde, Glück, Pech, Gesundheit, Streit, Fröhlichkeit, Spaß, Freude und noch viiiiiieeeles mehr! Einfach alle Dinge des Lebens. Außer natürlich Krieg, Armut und Hunger ...«

Anne (14 Jahre) aus Osnabrück/Deutschland

Nach vielen Tagen wolkenlosen Himmels haben wir in den frühen Morgenstunden ein ungewohntes Erlebnis: Regen! Als wir die Tiefebene, die zum Kaspischen Meer führt, erreichen, klart es auf, und wir werden geplagt von feuchter Hitze. Unsere Route führt durch die fruchtbare Uferregion, in der Baumwolle, Reis, Sonnenblumen und Zitrusfrüchte angebaut werden. Für mich stehen 250 harte Radkilometer auf dem Programm. Die Straßen sind gut ausgebaut, aber hinter dem Steuer verhalten sich die Iraner wie Anarchisten. Überholt wird ohne Rücksicht auf Gegenverkehr – Vollgas, Augen zu und durch!

Am Strand mit Frauen

Den ganzen Tag sind wir in der Uferregion des Kaspischen Meeres unterwegs. Es ist angenehm mild, aber bewölkt, teilweise regnet es sogar. Bei Mahmud Abad besuchen wir ein Strandbad. Wir lernen, dass es in iranischen Strandbädern eine wichtige Regel zu beachten gilt, ehe man sich in die Fluten stürzen darf: Männer und Frauen baden hier getrennt – so wie es der Islam vorschreibt. Für das »Bike-the-Future«-Team kein Problem, wir sind eh eine reine Männergesellschaft. Als ein paar von uns in der Brandung plantschen, kommt es zu einer unfreiwilligen Begegnung mit dem anderen Geschlecht. Am Strand taucht eine Mädchenschulklasse auf: Dutzende in schwarzes Tuch gehüllte junge Frauen!

Badespaß auf iranische Art: Mit bloßen Füßen ins Kaspische Meer.

Nur ein paar Meter weiter badet unsere Biker-Truppe. Und ich, der Sonderbotschafter, mittendrin. Im ersten Moment wissen wir nicht, ob wir gegen die strengen Sitten des Landes verstoßen, aber die Situation bleibt völlig entspannt. Der Kioskbesitzer am Strand lädt uns sogar zum Teetrinken ein. Das hier übliche Ritual der Gastfreundschaft wird noch gesteigert durch eine Wasserpfeife. Jeder darf – oder besser muss mal ziehen, auch ich, die Radlerlunge Hubert. So richtig schmeckt das Zeug keinem von uns, dafür gefällt es uns im Iran immer besser!

Wenig Wasser für Teheran

Ich muss harte Kletterarbeit leisten, nachdem wir von unserem Quartier am Kaspischen Meer aufgebrochen sind. Die enge Straße Richtung Süden windet sich auf mehr als 80 Kilometern durch malerische Schluchten und verläuft schließlich über der Baumgrenze. Wolkenfetzen werden vom kalten Wind über die Gipfelregion getrieben und verleihen der Landschaft im Sekundentakt immer wieder ein neues Aussehen.

Die Abfahrt auf der anderen Seite ist rasant und gefährlich, weil die iranischen Autofahrer äußerst risikofreudig fahren. Die Straße führt an einem fast leeren Stausee vorbei, aus dem die Zehn-Millionen-Metropole Teheran mit Trinkwasser gespeist wird. Unser Betreuer Mohammad erzählt, dass die Hauptstadt im Sommer wegen der anhaltenden Trockenheit knapp vor einer Versorgungskatastrophe stehe. Während die Berghänge völlig kahl sind, verläuft am Fluss eine viele Kilometer lange grüne Oase, die den Großstädtern als Erholungsraum dient.

Als wir den Stadtrand von Teheran erreichen, erwartet uns ein einheimisches Fernsehteam. Ich stehe der fließend Englisch sprechenden Reporterin Rede und Antwort. Sie interessiert sich vor allem für den Eindruck, den der Iran auf uns Deutsche gemacht hat – und ich kann nur Positives berichten. Der Kameramann will von mir Fahraufnahmen machen und lässt mich dafür sogar entgegen der Fahrtrichtung auf der vierspurigen Autobahn strampeln! Im Sattel kann mich aber nichts mehr schocken, und so lasse ich dieses Vabanquespiel geduldig über mich ergehen.

Die Waisenkinder überreichen Hubert Schwarz selbst gemalte Bilder und Blumen.

Das goldene Abendlicht kann nicht darüber hinwegtäuschen, dass Teheran im Schönheitswettbewerb der Großstädte dieser Welt keinen vorderen Platz belegt. Graubraune Betonfassaden, wohin man schaut.

Die Waisenkinder von Teheran

Am Vormittag besuche ich mit der Crew in Teheran ein staatliches Waisenhaus, wo 20 Kinder im Alter von drei bis fünf Jahren betreut werden. Die Kinder haben Lieder einstudiert und ihre Vorstellungen von mir auf bunten Bildern festgehalten. Den Kindern steht die Freude über unseren Besuch ins Gesicht geschrieben (gelbe Männchen in gelben Autos sind wirklich etwas Exotisches). Ich bin beeindruckt von der optimalen Fürsorge, welche die Waisen erhalten. Schließlich will ich ja wissen, ob und wie ich dieses Waisenhaus mit meiner Stiftung unterstützen kann.

Der Nachmittag gehört den Medien. Die Journalisten möchten wissen, wie ich die Tourismuschancen ihres Landes beurteile. Gemessen an dem, was wir auf unserer Route an landschaftlichen Gegensätzen und Gastfreundschaft erlebt haben, ist der Iran ein tolles Terrain für Trekking-Touristen. Und die Kulturschätze des Landes sprechen ohnehin für sich. Ich erwähne, dass mich die Besteigung des 5.600 Meter hohen Damavand reizen würde.

Selbstbewusste Frauen

Wir brechen um 6 Uhr morgens in Teheran auf, um dem Verkehrschaos der Millionenmetropole zu entgehen. Die rund 300 Kilometer lange Route führt durch ein weites, von fernen Bergketten gesäumtes Tal. Wechselnde Winde machen die Fahrt mal zum Genuss (Rückenwind), mal zur Tortur (Gegenwind). Teilweise weht es so heftig, dass ich den Windschatten des Begleitfahrzeugs suchen muss, um die Tageskilometer im Sattel zu schaffen.

Bei einem kurzen Halt in einer Kleinstadt merken wir, dass die Pressekonferenz erste Früchte getragen hat. Eine Frau kommt spontan auf uns zu, fragt nach Stift und Papier und beginnt, ihre Erwartungen an die Zukunft niederzuschreiben. Sie sagt, sie habe am Vorabend einen Bericht über uns im Fern-

sehen gesehen. Bei dieser Gelegenheit fällt uns auf, dass die Frauen im Iran selbstbewusst auftreten – trotz der vom Koran verordneten Unnahbarkeit.

Auf dem Fußballplatz

Wir machen einen Abstecher zu einem Fußballplatz, auf dem zwei Studentenmannschaften spielen. Als ich dort mit dem Rad auftauche, scharen sich binnen weniger Minuten fast alle Zuschauer um mich. Die Neugierde ist so groß, dass keiner mehr ein Auge hat für die 22 Akteure im Hintergrund. Wir machen uns schnell aus dem Staub, damit sich die Fans ihren kickenden Idolen widmen können.

Kontraste auf dem Land

Unser letzter voller Tag im Iran. Die Etappe von Täbris nach Maku zeigt noch einmal die Gegensätze des Landes. Einerseits die pulsierende Großstadt Täbris mit ihrem Universitätsflair und der Lizenzproduktion von Mercedes-Lkws, auf die die Iraner mächtig stolz sind. Ein paar Kilometer weiter ein völlig anderes Bild: eine karge Hügelland-

Kontraste im Iran: nach der Großstadt Teheran durch eine schroffe Berglandschaft.

12 | 8 | 2000

»... dass es keine Autos mehr gibt und nicht mehr so viel Schule. Alle Menschen mit einem Realschulabschluss bekommen einen guten Job, weil es kein Abitur mehr gibt. Zehn Jahre Schule reichen in Zukunft aus ...«

Katharina (11 Jahre) aus Celle/Deutschland

schaft unter gleißender Sonne, Dörfer mit erdfarbenen Flachbauten kleben wie Vogelnester an den weiten, kahlen Hängen. Unter den Schatten spendenden Bäumen drängen sich die Schafe, über den heißen Asphalt brettern Busse und Lkws mit haushoch aufgetürmten Ladungen.

Nach dem Grenzübertritt in die Türkei zieht uns der Ararat in seinen Bann. Am Fuße des biblischen Berges, auf dem die Arche Noah gestrandet sein soll, halten wir bei einer Nomadenfamilie. Es ist ein kärgliches Leben. Doch trotz ihrer Armut lädt uns die Familie zum Essen ein. Die Hauptmahlzeit ist ein Fladenbrot, das auf einem kleinen Steinofen inmitten des Zeltes gebacken wird. Langsam lassen wir den schneebedeckten Gipfel des Ararat hinter uns und tauchen ein ins anatolische Hochland. Es ist gerade Erntezeit. Auf den von weiten kahlen Hügelketten gesäumten Getreidefeldern wird hart gearbeitet. Noch auffälliger ist die starke Militärpräsenz in dieser Region. Sogar Panzer stehen am Straßenrand. Ob das auf die Kinder abgefärbt hat, die mit kleinen Steinen nach mir werfen?

Dieser negative Eindruck ist schnell verflogen, denn wir bekommen die türkische Gastfreundschaft sofort zu spüren. Ein Geschäftsmann stoppt am Straßenrand, lädt uns zum Tee ein, lotst uns zu seinem Laden, und dort schlürfen wir unseren »Cay«.

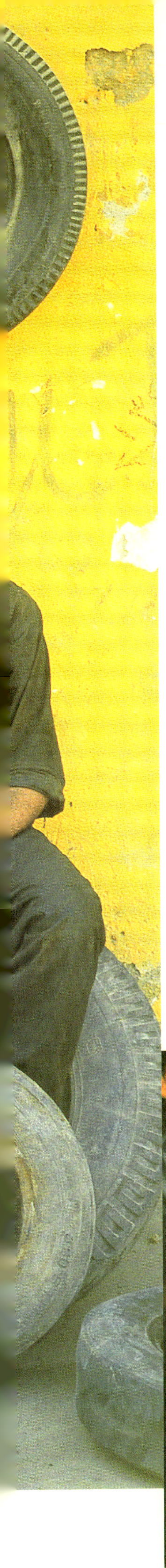

Mittagspause in einer Autowerkstatt in einem kleinen türkischen Dorf.

»... Städte im Weltall, Hunde mit Gucci-Hosen, Lösung der Dritt-Welt-Probleme, ein besserer Umweltschutz und die Möglichkeit, sich zurück in die Vergangenheit beamen zu können ...«

Iselin U. (16 Jahre) aus Berlin/Deutschland

Der Drei-Sterne-General

Beim Mittagessen in einem kleinen Restaurant sind wir plötzlich von Soldaten umzingelt. Ein gepanzerter Mannschaftswagen donnert heran, Soldaten mit Gewehren im Anschlag springen heraus, gehen rund um das Gebäude in Stellung und mustern konzentriert die Felswände der Umgebung. Welche Gefahr hier droht, können wir nur ahnen, jedenfalls ist sicher, dass die Soldaten weder für noch gegen uns im Einsatz sind. Wir sitzen im Freien unter einem schattigen Baum, am Nachbartisch hat inzwischen ein Offizier Platz genommen, den Lutz als Drei-Sterne-General identifiziert. Er begrüßt uns sogar mit Handschlag, wohl um sicher zu sein, dass wir keine Bedrohung sind. In aller Seelenruhe verzehrt er seinen Fisch, raucht eine Zigarette, während seine Schutztruppe noch immer erhöhte Gefechtsbereitschaft demonstriert. Erst als der General wieder seine Limousine besteigt, räumen die Soldaten die Stellung, springen in den Mannschaftswagen und preschen ihrem Befehlshaber hinterher.

Neue Rolle für den Doktor

Eine Magen-Darm-Infektion hat mich außer Gefecht gesetzt. Völlig entkräftet lasse ich mich nach wenigen Kilometern auf die Liege im Begleitfahrzeug fallen. Dr. Frank Kauper schlüpft sogleich in eine Doppelrolle: als Arzt, der mich medizinisch versorgt, und als Stellvertreter im Sattel. »Franky« ist ein exzellenter Radfahrer und übernimmt klaglos die Arbeit an den Pedalen. Am Nachmittag tritt unsere Sportskanone Oli Zimmermann in meine Fußstapfen. Er fegt mit einem so hohen Tempo durchs türkische Mittelgebirge, dass wir Mühe haben, Aufnahmen zu machen. Es ist ausgemachte Sache, dass ein Crewmitglied die geplanten Etappen unter die Räder nimmt, falls ich einmal ausfallen sollte.

Auf der Fahrt nach Zila verpasse ich eine traumhafte Landschaft – mal weites Hügelland, mal Mittelgebirge mit kurvenreichen Pass-Strecken. Ich hänge stattdessen am Tropf und sammle Kräfte für die noch anstehenden Etappen.

Ein Schwätzchen unter Männern in einer türkischen Teestube.

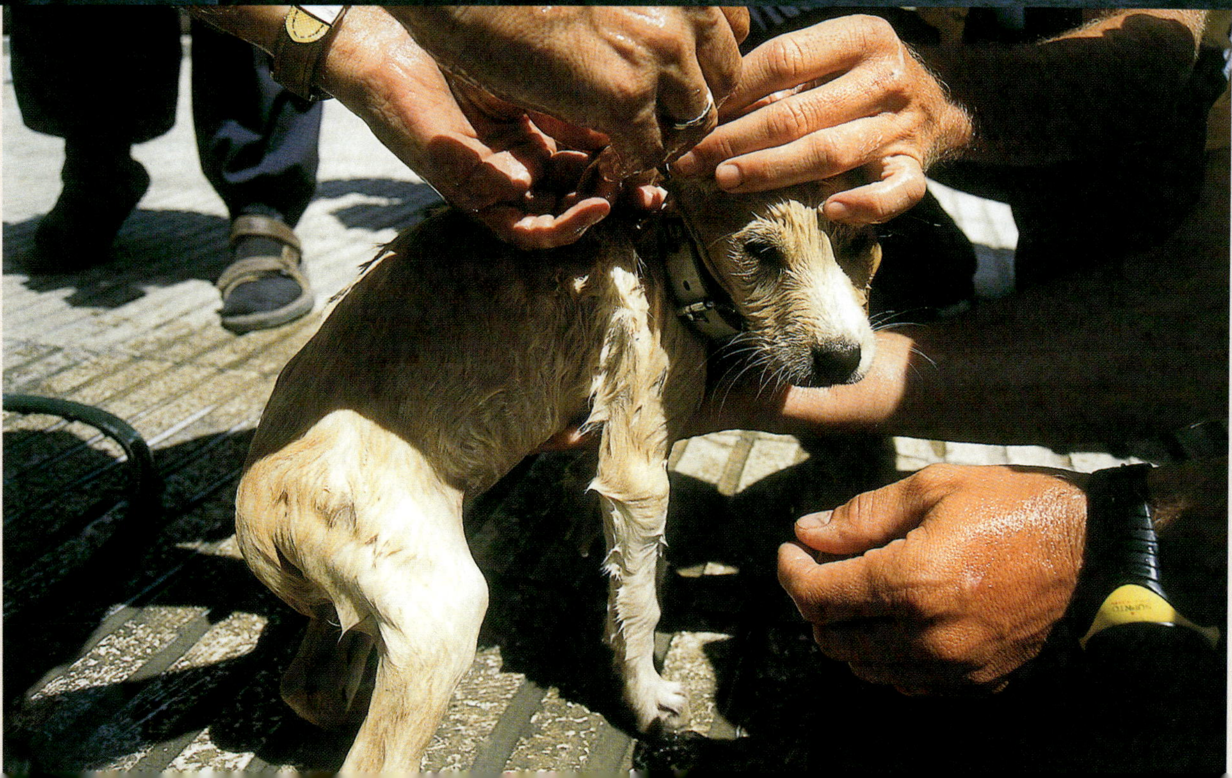

Ein Storch am Wegesrand kündigt uns Zuwachs an: den Welpen »Future« (rechts).

Altes Handwerk – ein 87-jähriger Schuhmacher repariert den Radschuh von Hubert Schwarz.

Ein bewegender Tag mit vielen guten Nachrichten: Mein Zustand hat sich über Nacht so verbessert, dass ich fit genug bin, wieder aufs Rad zu steigen. Bei 30 Grad Celsius spule ich mein Programm klaglos ab. Als ich einen Strommasten passiere, auf dem ein Storch in seinem Nest thront, ahnt noch niemand, dass wir wenig später tatsächlich Zuwachs erhalten werden. Nein, niemand in der Crew ist schwanger – uns ist ein Hund zugelaufen, kaum älter als drei Monate, hellbraunes Fell, verspielt ohne Ende, süß und einfach unwiderstehlich.

Herzerweichend die Geschichte seiner Ankunft: Auf freier Strecke läuft der kleine Wicht einfach auf unseren riesigen Unimog zu, Lutz steigt in die Eisen, kommt zum Stehen und ist sich nicht sicher, ob er den Hund überfahren hat. Dann hört er ein Jaulen und findet das Tier direkt vor dem Vorderreifen liegend – unversehrt. Es wedelt mit dem Schwanz und ist nicht gewillt, sein schattiges Plätzchen zu verlassen.

Also wartet Lutz, bis der Rest der Mannschaft und ich eingetroffen sind. Dann geht alles ganz schnell: Der ausgemergelte Welpe erobert unsere Herzen, und binnen fünf Minuten hat er seinen festen Platz unter dem Beifahrersitz im Mercedes-Sprinter. Wir taufen ihn vorläufig auf den Namen unserer Tour: »Future«, Seine Zukunft liegt in Deutschland, genauer in den Händen meiner Familie. Übrigens: »Future« ist jetzt, ein Jahr nachdem wir ihn in der Türkei aufgesammelt haben, ein mordsmäßig ausgewachsener Hund, der uns jede Minute auf Trab hält.

Seit Future an Bord ist, habe ich gar nichts mehr zu melden. Alles dreht sich um den lebhaften kleinen Rüden. Bei der Mittagspause in Alaca gibts erst mal eine Ganzkörperwäsche, um das Ungeziefer aus seinem Fell zu spülen. Am Abend in Ankara gehts zum Tierarzt, der alle notwendigen Impfungen für die Ausreise vornimmt und Future gute Gesundheit attestiert.

Unser neues Teammitglied Future hat sich prima eingelebt. Bei jeder Pause lässt er seinem Spieltrieb freien Lauf, erkundet die Umgebung und weiß schon, wem er folgen muss: den Herren im gelben Post-Leibchen. Ich bin einmal mehr auf einer attraktiven Mittelgebirgsroute unterwegs, die Temperaturen sind angenehm, die Straßen jedoch schlecht. Die Vegetation ist inzwischen sehr üppig geworden – wir nähern uns dem Schwarzen Meer. Unterwegs lasse ich meinen Radschuh reparieren. Es hat sich die Sohle an der Ferse gelöst. Garant für gediegenes Handwerk ist ein 87-jähriger Schuhmacher, der mit Leder, Nadel, Faden und Klebstoff dem geschundenen Schuhwerk zu einer neuen Zukunft verhilft. Leider holt uns in diesen Tagen wieder die Magen-Darm-Grippe ein, und wir sind froh, als wir endlich europäischen Boden betreten können. Denn bald sind wir zu Hause!

Kinder in Europa
der

– Das Schicksal rumänischen Waisen

Noch elf Tage: Das Ziel Hannover ist schon so nah

Europa ist reich und wohlhabend – welch ein Trugschluss! In Bulgarien oder Rumänien leben die Menschen nach wie vor in Armut. Ein sorgenfreies Leben bleibt für sie ein Traum. Besonders hart ist das Schicksal der Waisenkinder in Rumänien. Wenn ihnen nicht geholfen wird, haben sie keine Chance auf eine bessere Zukunft.

»... Ein unbekannter Planet wird sich vor die Sonne schieben und die Erde verdunkeln. Dass Aliens die Erde besiedeln oder dass es künstliche Intelligenz geben wird, glaube ich nicht. Vielleicht bringt die Zukunft ja Vorteile. Lassen wir uns überraschen ...«

Christian Bartelt, 7. Klasse Deutsche Schule in Shanghai

Nach der Morgenvisite gibt »Doc Franky« grünes Licht für die Weiterfahrt. Ich bin zwar noch nicht 100-prozentig fit, aber ich benötige keine Toilette mehr im Umkreis von zehn Metern, und Fieber habe ich auch nicht mehr. Ich will heute noch die Grenze nach Bulgarien überqueren, um unseren Zeitplan nicht zu gefährden. In elf Tagen müssen wir zurück in Hannover sein! Zum Glück bekommen in den frühen Morgenstunden nur wenige Leute mit, was für ein erbärmlicher Haufen von Weltumrundern das Hotel verlässt. Wir hätten uns ja einen besseren Doc aussuchen können, der uns mindestens eine Woche krank schreibt, aber Franky kennt da kein Erbarmen.

Mit einem flauen Gefühl in der Magengegend als Erinnerung an den asiatischen Teil der Türkei durcheilen wir jetzt den europäischen. Am Nachmittag erreichen wir die Grenze zwischen Kirklareli und Malko nahe des Schwarzen Meeres. Sowohl auf der türkischen als auch auf der bulgarischen Seite werden die Grenzformalitäten schnell erledigt, so dass ich noch ein gutes Stück nach Bulgarien hineinfahren kann. Die Grenzbeamten auf beiden Seiten sind sehr hilfsbereit, besonders auf der bulgarischen Seite, denn hier verstehen wir nur Bahnhof.

Ein Grunzen und ein Heulen

Wir machen uns auf nach Burgos am Schwarzen Meer. Dafür, dass ich gestern noch mehr als 40 Grad Celsius Fieber hatte, trete ich heute schon wieder mächtig in die Pedale. Ich habe es ja schon immer gesagt: »Wenn ich schon so schnell krank werde, kann ich auch wieder schnell gesund werden.« Nördlich von Ajtos suchen wir uns einen Platz für die Nacht an einem Stausee. Da wir schon wieder feste Nahrung zu uns nehmen können, steigt auch die Stimmung. Nachrichten aus dem All melden uns, dass »Future« gesund und munter in Deutschland angekommen ist und dort überall im Mittelpunkt steht. Hoffentlich vergisst uns hier niemand.

In der Nacht besucht uns eine Horde Schweine, ob wild oder domestiziert lässt sich nicht feststellen. Auf alle Fälle wird ordentlich gegrunzt, alles gründlich untersucht und umgedreht. Zuvor waren wir schon von wolfsartigem Heulen aus allen Himmelsrichtungen begrüßt worden. Zum Glück sind sie nicht persönlich vorbeigekommen. Die Nacht haben wir trotz tierischer Besucher unbeschadet überstanden. Auch der morgendliche Informationsaustausch über unsere Magen-Darm-Befindlichkeiten ergibt übereinstimmende Zufriedenheit. Auf kleinen Nebenstraßen suchen wir uns einen Weg Richtung Norden. Die Orientierung ist nicht immer einfach, da viele Schilder nur in kyrillischer Schrift sind. Wenn wir mal gar nicht mehr weiterwissen, ist ein hilfsbereiter Bulgare nicht weit.

Charakterkopf: ein hilfsbereiter Bauer in Bulgarien.

Der »sozialistische Einheitslook«, Plattenbauten aus den 50er Jahren, prägt das Gesicht vieler rumänischer Kleinstädte.

In den Dörfern scheint die Zeit stehen geblieben zu sein. Als gängiges Verkehrsmittel dient nach wie vor das Pferdefuhrwerk in allen Variationen. Auf einem abgeernteten Feld haben sich weit mehr als 1.000 Störche versammelt. Meister Adebar scheint es hier zu gefallen. Nachdem wir sie ausgiebig abgelichtet haben, tun sie uns sogar den Gefallen, alle gemeinsam abzuziehen. In den Städten dominieren die Wohnblocks Marke »Sozialistischer Einheitslook«, entlang der Straßen die typischen Fernwärmerohre. Wohltuende Farbtupfer im tristen Grau sind die bunten Cafés und Restaurants, die vielerorts entstanden sind.

Am Nachmittag erreichen wir bei Ruse südlich von Bukarest die Donau, die hier die Grenze zu Rumänien bildet. Nach zügiger Grenzabfertigung durch die Bulgaren überqueren wir den Fluss. Bei den Rumänen werden die Fahrzeuge erst einmal mit einer Sprühdesinfektion »entseucht«, natürlich gegen Gebühr. Für Fahrzeuge über 6 Tonnen wird angeblich eine Genehmigung benötigt, die wir nicht haben – der Unimog wiegt genau 7,3 Tonnen. Wir können die drei Damen vom Zoll mit Charme überzeugen, dass wir nichts davon wussten und geloben Besserung.

21 | 8 | 2000

Idylle im Campingmüll

In Rumänien fahren wir westlich von Bukarest auf kleinen Nebenstraßen nach Nordwesten. Die Region wird zu 90 Prozent von der Landwirtschaft dominiert. Neben den schon aus Bulgarien bekannten Pferdefuhrwerken gehören hier Hühner, Enten und Gänse genauso zum Straßenbild wie die eigene Milchkuh, die man vor fast jedem Haus sieht. Die Zeit scheint hier stehen geblieben zu sein. Dennoch machen die meisten Häuser einen gepflegten Eindruck und sind in allen erdenklichen Farben bemalt. Es sind so genannte Reihendörfer, wo sich die Häuser und Höfe entlang der Straße aufreihen.

22 | 8 | 2000

Begegnungen am Wegesrand in Rumänien: In den Dörfern scheint die Zeit stehen geblieben zu sein.

»... Ich möchte erst einmal die Wirtschaftsschule besuchen. Wenn ich damit fertig bin, möchte ich gern im Nürnberger Tiergarten oder in einem Tierheim arbeiten. Dann möchte ich einen Freund haben und irgendwann auch Kinder, mit denen ich in ein großes Haus einziehe. Und irgendwann bekomme ich auch Rente ...«

Stefanie (9 Jahre) aus Nürnberg/Deutschland

Ganz anders sieht es nordwestlich von Bukarest aus. Wir erreichen die Ausläufer der Karpaten, die an dieser Stelle höher als 2.500 Meter sind. Die Landschaft ähnelt dem Voralpenland, und die Orte um Brasov leben eindeutig vom Tourismus. Leider sieht man deutlich die negativen Seiten: Jeder noch so idyllische Fleck ist mit Campingmüll übersät. Die Rumänen stört es nicht: Im Gegenteil, man stellt sich mitten in den Unrat, den die anderen hinterlassen haben, und genießt die Natur. Wir versuchen darüber hinwegzuschauen und genießen die tolle Landschaft. In Fagaras finden wir ein kleines Hotel, das einzige in der ganzen Stadt. Eine kleine Villa mit Biergarten, frisch renoviert und erst vor einer Woche eröffnet. Das dementsprechend saubere Doppelzimmer kostet immerhin 30 Mark.

Haupttransportmittel auf dem platten Lande: das Pferdefuhrwerk.

In der Nacht werden wir allerdings von kleinen blutsaugenden Vampiren belästigt; im Land von Graf Dracula – er hätte sich in dieser Villa durchaus wohl gefühlt – sind sie offenbar im Preis inbegriffen.

Von Fagaras aus fahren wir weiter auf klitzekleinen Landstraßen. Die Dörfer, durch die wir kommen, könnten als Kulisse für einen historischen Film dienen. Die Bewohner müssten sich für die Staffage nicht einmal umziehen. Nur die Licht- und Strommasten passen nicht so ganz ins Bild. Jeder Ort besitzt eine Kirche, deren frisch gestrichenen, weißen Fassaden im hellen Sonnenlicht sogar blenden. In einigen Orten steht eine Festungsanlage mit mächtigen Türmen, leider ist ihr Zustand nicht so gut wie der der Kirchen.

Es ist die Zeit des Heumachens. Während dies in Deutschland ein rein maschineller Prozess mit Traktor, Heuwender und Ballenpresse ist, sind in Rumänien der gute alte Heuwagen, gezogen von Ochsen oder Pferden, Sense, Heugabel und Holzrechen immer noch aktuell. Für uns ein idyllisches Bild, für die Menschen hier harte Arbeit. Genauso wie für mich. Ich kann mich zwar für die schöne Landschaft begeistern, aber es wird langsam Zeit, dass ich nach Hause komme, meine Beine werden immer schwerer. Kein Wunder! Immerhin bin ich inzwischen 24.000 Kilometer gestrampelt.

Fröhliches Lachen und traurige Augen: die vergessenen Kinder im Waisenhaus von Shigetu Marmatiei.

Doch ich muss noch durchhalten, schließlich warten die rumänischen Waisenkinder auf mich. Einen ersten Eindruck von ihrem Schicksal bekomme ich, als ich das Kinderheim in Shigetu Marmatiei besuche. 150 elternlose Jungen im Alter von 3 bis 18 Jahren leben hier unter erbärmlichen Bedingungen. Unterstützung erhalten sie lediglich von der Kriegskinder Nothilfe e.V., die ihnen ein menschenwürdiges Dasein ermöglicht.

Die traurigen Augen dieser Kinder haben mich tief berührt. Das fröhliche Lachen täuscht manchmal darüber hinweg, dass diese Jungs vielleicht in ihrem späteren Leben nie eine Chance bekommen werden, um eine glückliche Zukunft zu erleben. Deswegen haben meine Frau Renate und ich beschlossen, etwas für die Zukunft dieser Kinder zu tun: Am Freitag, dem 25. August 2000, lege ich in Ocna Sugatag, einem kleinen Ort ca. 20 Kilometer außerhalb von Shigetu Marmatiei, den Grundstein für ein neues Waisenhaus. Die Erfahrungen mit dem alten staatlichen Heim haben zu der Erkenntnis geführt, dass nur ein neues und eigenes Heim langfristig Erfolg garantieren kann. Solange man von der Willkür und dem Wohlwollen des Staates und seiner Angestellten abhängig ist, hat man nur wenig Einfluss und kann den Kindern nur begrenzt helfen.

»... Ich erwarte, dass die Menschen froher sind. So wird die Welt besser sein; ohne Krieg, mit vielen Blumen und Bäumen. Jeden Frühling werden wir zum Himmel schauen und denken, dass die Welt unser Haus ist ...«

Vivian Langhi (14 Jahre) aus São Paulo/Brasilien

Ein alter Fernseher und ein Rohreisenbett – mehr haben die rumänischen Waisen nicht.

»... Man reitet auf Pferden oder Löwen zur Schule. Wer weit weg wohnt, fliegt mit dem Flugzeug oder einer Rakete. In der Schule sitzt jedes Kind auf einem Gummiball vor einem Computer, die Lehrer sind Roboter ...«

Fredrike Greif (9 Jahre) aus der Deutschen Schule in Shanghai/China

»... Liebe Zukunft, ich hoffe, du siehst viel schöner aus als zurzeit. Vielleicht siehst du ja so aus: mit einem langen Bart, zwei großen Augen, einer langen Nase und zwei langen Ohren. Liebe Grüße ...«

Arndt Dominios (7 Jahre) aus Saarbrücken/Deutschland

Um die Kinder auch aus dem negativen Umfeld der Stadt rauszubekommen, entschied sich die Kriegskinder Nothilfe e.V., ein Grundstück außerhalb zu suchen, was nebenbei auch noch billiger ist. Zuvor war ihr ein anderes Haus in der Stadt angeboten worden, aber dessen Bausubstanz taugte höchstens für einen Abriss. Das neue Grundstück liegt auf einer Anhöhe und umfasst 27.000 Quadratmeter. Zusammen mit der Hubert-Schwarz-Stiftung, die bereits den Zaun spendiert hat, entsteht hier ein neuer Komplex, der langfristig etwa 150 Kindern ein neues Zuhause bieten soll. Es sind mehrere Einzelhäuser vorgesehen, für jeweils 15 Jungen und ihre Betreuer. Im ersten Bauabschnitt werden zunächst zwei Häuser errichtet.

Bei der Grundsteinlegung sind Herr Steuer von der Kriegskinder Nothilfe e.V., viele Honoratioren aus der Gegend und natürlich die Kinder dabei, um die es vor allem geht. Sie sind zum ersten Mal auf dem neuen Gelände. Herr Steuer als protestantischer Pfarrer weiht den Grundstein ein. Unterstützt wird er von seinen katholischen und orthodoxen Kollegen aus der Region. Während die Jungs ausgelassen Fußball spielen, verabschieden wir uns, denn vor uns liegen noch ein paar Kilometer. Über Baia Mare und Satu Mare geht es weiter nach Ungarn.

Endlich wieder zu Hause! Durchfahrt am deutsch-österreichischen Grenzübergang.

Kurz hinter Satu Mare in Rumänien fahren wir über die Grenze nach Ungarn. Die Abfertigung geht auf beiden Seiten sehr zügig, obwohl die Ungarn hier angeblich keine Fahrzeuge über 3,5 Tonnen passieren lassen sollen. Sie fragen aber zunächst nach Frachtpapieren für den Unimog, den sie für einen Lieferwagen der Post halten. Unsere grobe Richtung heißt Budapest, das wir nördlich entlang der Grenze zur Slowakei umgehen wollen.

Man merkt schon deutlich einen Unterschied im Entwicklungsstand zwischen Rumänien und Ungarn. Die ungarischen Städte machen keinen verwahrlosten Eindruck wie die in Rumänien. Die Straßen sind in einem deutlich besseren Zustand, und die in Bulgarien und Rumänien verbreiteten Pferdefuhrwerke, die uns zu mancher Vollbremsung gezwungen haben, sind hier die Ausnahme. Zum Radeln bietet sich Ungarn geradezu an. Kaum eine Erhebung oder Hügel fordern die Beinmuskulatur, und selbst kleinste Nebenstraßen sind bestens ausgeschildert.

Nördlich von Budapest fahren wir in Van mit der Fähre über die Donau. Nach einer Übernachtung in Esztergom, wo wir uns mit einem echt ungarischen Gulasch gestärkt haben, fahren wir weiter entlang der Donau nach Györ. An einem Sonntag um 6 Uhr morgens sind die Straßen leer gefegt. Ein wunderbarer Sonnenaufgang und ein strahlend blauer Himmel sorgen für gute Stimmung. Natürlich freuen wir uns auch auf die Begegnung mit den Mitradlern, die uns für vier Tage bis nach Hannover begleiten wollen.

Am ungarisch-österreichischen Grenzübergang reiht sich unser Tross in die Reihe der wartenden Autos ein. Nur ich darf den Grenzübergang sofort

passieren. Die Aussicht auf eine Massage und ein enspannendes Bad im Whirlpool lässt mir keine Zeit für Grenzformalitäten. Nach ungefähr einer halben Stunde hat das gesamte Team die Grenze passiert, und wir machen uns auf den Weg in den Wellnesspark von Pannonia. Dort treffe ich auf den Kreis unserer Mitradler, die mich neugierig nach meinen Abenteuern auf vier Kontinenten befragen. Bis Hannover sind es noch einige Radkilometer, so dass ich genügend Zeit habe für die eine oder andere Anekdote.

In Pannonia wird aus der »Bike-the-Future«-Tour die »Classic 2000«. 24 Mitradler werden mich die restlichen 1.000 Kilometer bis ins Ziel Hannover-Expogelände begleiten. Was den meisten sicher weniger gefällt – für mich ist es eine Wohltat: Seit langem regnet es mal wieder. Ein Umstand, an den sich ein Erdumradler erst wieder gewöhnen muss. Dass das gesamte Team doch noch ins Schwitzen kommt, liegt an einem logistischen Fehler: Im Route-Book fehlen 50 Kilometer, so dass die Nacht hereinbricht, ehe die Etappe beendet werden kann.

Endlich zu Hause!

Am 29. August 2000 habe ich endlich wieder deutschen Asphalt unter den Rädern. Aus Linz kommend ist Passau die erste Station. »Großer Bahnhof« am Rathausplatz – Empfang durch Sunrise-Chef Feuchter und 2. Bürgermeister Dupper. Reporter von örtlichen Zeitungen und TV-Sendern löchern mich mit ihren Fragen. Das setzt sich den lieben langen Tag fort. Deggendorf, Regensburg, und Amberg heißen die weiteren Stationen. Ab dem morgigen Tag wird der Rummel sicher nicht weniger werden – mein Kumpel Joey Kelly radelt mit!

Die Stimmung beim Endspurt der »Bike-the-Future«-Tour ist fantastisch. Seit heute fährt Joey Kelly mit. Die meisten kennen ihn als Sänger der Kelly-Family, die wenigsten wissen, dass Joey ein exzellenter Ausdauersportler ist und schon den berühmten Ironman auf Hawaii bestritten hat. Er unterstützt mich als Medienprofi vor allem bei dem Presserummel, der seit der Rückkehr nach Deutschland eingesetzt hat. Das geht so weit, dass wir über Handy Interview-Wünsche während der Fahrt erfüllen. Das garantiert prächtigen Unterhaltungswert für Crew und Mitradler. So vergehen die rund 300 Kilometer von Amberg nach Erfurt wie im Flug. Morgen, das Ziel Hannover vor Augen, wird die Laune mit Sicherheit nicht schlechter werden.

Jeder Tritt in die Pedale fällt mir nun leichter: Es sind nur noch wenige Kilometer bis zum Ziel.

Ziel erreicht

Das Ziel: eine bessere Zukunft

Endlich, nach 123 Tagen und mehr als 25.000 Kilometern auf dem Rad, kann ich meine Lieben wieder in die Arme schließen: Ehefrau Renate, Tochter Laura, Sohn Felix und den Welpen Future, der uns in der Türkei zugelaufen ist. Auch Expo-Chefin Birgit Breuel gratuliert mir zu »einer famosen Leistung«. Der Presseauftrieb bei der An-

– nach 25.000 Kilometern!

Das Ende der »Bike-the-Future«-Tour

kunft auf der Expo in Hannover ist enorm. Immer wieder wollen die Journalisten meine Abenteuer und bunten Eindrücke von den vielen Menschen hören, denen ich auf den vier Kontinenten begegnet bin. Nach zwei Stunden habe ich die Chance, mich in eine ruhige Ecke zurückzuziehen. In meinem Kopf ziehen die vergangenen vier Monate wie im Film vorbei: 25.000 Kilometer, vier Kontinente, 21 Länder, fünf Wüsten, Durchquerung der höchsten Gebirge von den Alpen bis zu den Anden und immer wieder Menschen, Menschen, Menschen, die mir in ihren Briefen und Gesprächen von ihren stillen Wünschen an die Zukunft erzählten. Eine Zukunft, die besser, friedlicher und reicher sein soll als die Gegenwart. Und dafür müssen wir alle uns mehr einsetzen, mehr miteinander reden und uns besser verstehen.

Im Kreis meiner Familie und der gesamten Crew: Nach 123 Tagen und 21 Ländern auf vier Kontinenten ist die Tour zu Ende. Ohne die Hilfe meiner Freunde hätte ich das Ziel am 31. August 2000 niemals erreicht.

Der längste Brief der Welt

Visionen über die Zukunft – eine Botschaft an uns alle

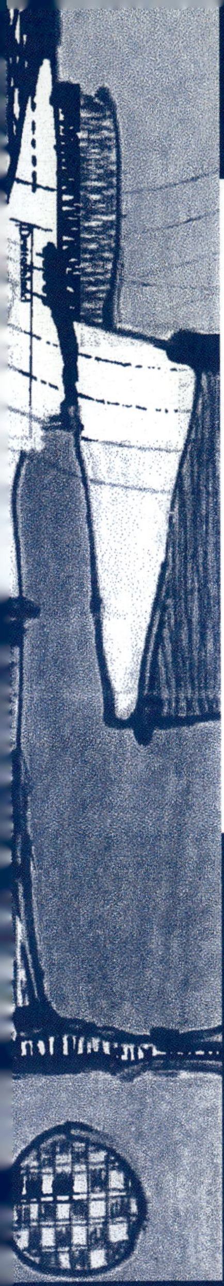

Viel Fantasie zeigten Kinder auch bei der Gestaltung der Umschläge.

»Dass es allen gut geht« äußerten schon die »kleinen« Briefeschreiber.

Schnell hingekrizelt wurden unendlich viele Wünsche an die Zukunft.

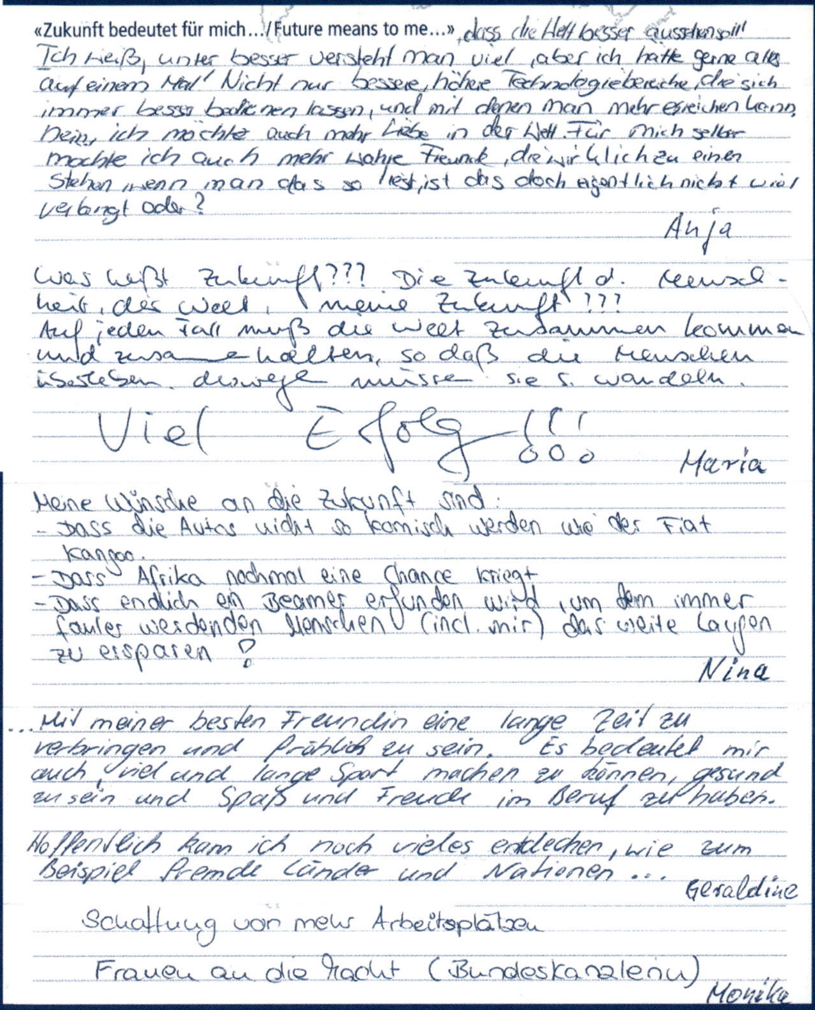

«Zukunft bedeutet für mich…/Future means to me…» dass die Welt besser aussehen soll! Ich weiß, unter besser versteht man viel, aber ich hätte gerne alles auf einem Mal! Nicht nur bessere, höhere Technologiebereiche, die sich immer besser bedienen lassen, und mit denen man mehr erreichen kann, Nein, ich möchte auch mehr Liebe in der Welt. Für mich selber möchte ich auch mehr wahre Freunde, die wirklich zu einem stehen. Wenn man das so liest, ist das doch eigentlich nicht viel verlangt oder?

Anja

Was heißt Zukunft??? Die Zukunft d. Menschheit, der Welt, meine Zukunft??? Auf jeden Fall muß die Welt zusammen kommen und zusammenhalten, so daß die Menschen überleben. deswegen müssen sie s. wandeln.

Viel Erfolg!!!

Maria

Meine Wünsche an die Zukunft sind:
- Dass die Autos nicht so komisch werden wie der Fiat Kangoo.
- Dass Afrika nochmal eine Chance kriegt
- Dass endlich ein Beamer erfunden wird, um dem immer fauler werdenden Menschen (incl. mir) das weite Laufen zu ersparen!

Nina

…Mit meiner besten Freundin eine lange Zeit zu verbringen und fröhlich zu sein. Es bedeutet mir auch, viel und lange Sport machen zu können, gesund zu sein und Spaß und Freude im Beruf zu haben.

Hoffentlich kann ich noch vieles entdecken, wie zum Beispiel fremde Länder und Nationen…

Geraldine

Schaffung von neuen Arbeitsplätzen

Frauen an die Macht (Bundeskanzlerin)

Monika

Es ist geschafft! Ich bin 123 Tage um die Welt geradelt, um den längsten Brief der Welt zu sammeln. Inzwischen ist ein Jahr vergangen, seitdem ich das Ziel der »Bike-the-Future«-Tour in Hannover erreicht habe. Manchmal lehne ich mich in einer stillen Stunde zurück und denke an die kleinen und großen Momente dieser Tour, an die wunderschönen Landschaften, an die Menschen, die ich getroffen habe, und ja auch an die körperlichen Strapazen. Wenn ich in meinen Erinnerungen schwelge, beschäftigt mich stets das eine: Habe ich Antworten auf die simple Frage nach der Zukunft gefunden?

Die »Bike-the-Future«-Tour war für mich ein Experiment. Anders als bei den vorherigen Touren stand nicht die Ausdauerleistung im Vordergrund, sondern das Treffen mit Menschen. Zwischen Hannover und Gibraltar, zwischen São Paulo und den chilenischen Anden, zwischen Shanghai und Istanbul sind die Menschen auf mich in meinem gelben Trikot aufmerksam geworden, und so entstanden viele interessante Gespräche – ob nun mit einer Berberfamilie und einer Fraueninitiative in Marokko, mit Indianern in Brasilien, mit Nomaden in Kirgistan oder mit einem usbekischen Greis und immer wieder mit Kindern. Tief beeindruckt hat mich die Begegnung mit dem fremden China, auf einer für Touristen normalerweise nicht freigegebenen Route. Dort trafen wir das Ärztepaar William und Shirley Conrad, die in einem Wohnwagen Menschen am grauen Star operieren und ihnen so das Augenlicht wiedergeben.

Wir sind auf die Menschen zugegangen und haben Wertvolles erhalten: ungefilterte Einblicke in den Alltag fremder Völker, viel Hilfsbereitschaft und Gastfreundschaft. Und so hörten wir die unterschiedlichsten Antworten auf die simple Frage: Was erwarten Sie von der Zukunft?

Am Ende waren es mehr als 50.000 Menschen, die weltweit ihre Antwort gegeben haben. Kinder, Jugend-

«Zukunft bedeutet für mich…/Future means to me…» My hope is that the world in the future will be less unequal, that we will devote our resources more to the cheap ways of making life better for the many, rather than the expensive ways of making life better for the few

«Zukunft bedeutet für mich…/Future means to me…»
a comfortable, safe existence for all people, all over the world… and especially during my retirement years!

Wünsche in Englisch: ein komfortables und besseres Leben, indem weniger Naturressourcen ausgeschöpft werden.

liche, Frauen und Männer jeglichen Alters verewigten ihre persönlichen Wünsche, Träume und Hoffnungen im »längsten Brief der Welt«. Manchmal waren es nur ein paar Worte wie »paix dans le monde« (Frieden auf der Welt), die schnell hingekrizelt wurden. Einige schrieben ergreifende Lebensgeschichten verbunden mit sehr komplexen Wünschen über das Zusammenleben der Menschheit. Kinder nutzten die Gelegenheit, ihre Vision in bunten Bildern festzuhalten. Immer wieder offenbarten die Briefe persönliche Träume

»Wir müssen uns ändern, sonst werden wir sterben« – einer von vielen Appellen an die Menschen auf der Welt.

wie den eines 8-jährigen Jungen, der »auch einmal mit dem Farrat um die Weld faren« möchte. Oder auch skurrile Wünsche wie »dass Heinz-Harald Frentzen im Mercedes-Lieferwagen der Post die Formel 1 gewinnt«. Es finden sich romantische Liebeserklärungen, es fehlen aber auch nicht die obszönen Briefe.

Die jüngsten Briefeschreiber sind kaum älter als sieben Jahre und gerade einmal des Schreibens mächtig. Ihre kindliche Fantasie packen sie munter in Worte. Die Wünsche sind bescheiden. Für die Jungen und Mädchen heißt die Zukunft »Diddl Maus«, »Pokemon«, »Legoland« oder »Game Boy«. Erstaunlich viele Kids haben schon weitergehende Gedanken. Bei den 11- bis 14-Jährigen kommt das Thema Liebe oft ins Spiel. Ansonsten unterscheiden sich die Gedanken der »Großen« wenig von denen der »Kleinen« – nur die Formulierungen klingen oftmals erwachsener. Erstaunlich sind die Gemeinsamkeiten der deutschen mit den chinesischen oder brasilianischen Kindern: andere Länder, dieselben Wünsche, Träume, Visionen und Ängste!

Natürlich gibt es die normalen Kinderwünsche wie »nie mehr Schule«, »keine meckernden Eltern« oder »... ein berühmter Star werden«. Vorausblickend logisch denkt Andreas mit seinen sieben Jahren. Zukunft bedeutet für ihn schlicht und einfach, »dass ich erwachsen werde«. Düster ist die Vision des 14-jährigen Dorian: »...dass überall riesige Großstädte mit über 10 Millionen Menschen sind. Alles stinkt nach Abgasen und man kann nur noch in seiner eigenen Wohnung mit Sauerstoffanschluss überleben.«

»Bei meinem Papa wohnen« Ein bescheidener, aber nicht seltener Wunsch von Kindern.

«Zukunft bedeutet für mich…/Future means to me…» endlich lernen, dass man Geld nicht essen kann und das es auf der Welt noch andere Lebewesen gibt als den Menschen.

Marie

»Es gibt noch andere Lebewesen als den Menschen«: ein kindlicher Aufruf zu mehr Umweltbewusstsein.

Dominant ist beim technikorientierten Nachwuchs der Traum von mehr Menschlichkeit: »High Tech, coole Mode, Frieden und Essen für alle«, so die 12-jährige Marion. Der 13-jährige Christopher erwartet »fliegende Autos, keinen Krieg und mehr Post«. Dass die »Jugend von heute«, also die 15- bis 20-jährigen Teenager, nicht nur »Sex, Drugs and Rock 'n' Roll« im Kopf haben, zeigen unendlich viele Briefe. Sicherlich wollen die jungen Leute »Fun« haben, sie vergessen dabei aber nicht den Wunsch nach einer gewaltfreien Welt.

Zum Glück nur eine kleine Minderheit sind die Menschen, die hoffnungslos in die Zukunft blicken. Sabine (16 Jahre) schreibt völlig resigniert: »Angst, viel Angst«. Auch die 26-jährige Karola hat eine fatalistische Vision: »Die Welt geht im 21. Jahrhundert unter!« Und der 19-jährige Sebastean kommt zu dem Schluss: »Die Maschine wird den Menschen zerstören.«

Optimistisch und hoffnungsfroh klingen die Briefe jener Menschen, die frisch verliebt sind. Sie erklären offen ihre Liebe und ihr Motto: »Meine Zukunft bist Du!« Carina (17 Jahre) schreibt: »Die Liebe meines Lebens für den Rest meines Lebens zu behalten. Und meine Liebe ist mein Leben, und mein Leben ist Christian Albers aus Cuxhaven. Mit ihm möchte ich meine Zukunft verbringen.« Manche nehmen die Zukunft mit viel Humor. Sie haben die verwegensten Visionen oder träumen vor sich hin wie Frank (38 Jahre): »Zukunft ist eine unendliche Aneinanderreihung meiner Träume.« Oder wie die 36-jährige Gisela: »Nie mehr Briefe schreiben, weil meine Gedanken über ein Implantat an einen Satelliten weitergeleitet werden.« Ziemlich pragmatisch hofft die 30-jährige Evelyn auf eine Zukunft mit viel Zeit, »das heißt ein langsameres Auto und mit einem 386er PC glücklich sein.«

Wünsche auf Türkisch (rechts) und eines Lehrers an die Medien, die »die Seelen seiner Schüler zerstören« (unten).

Geleceğimiz hepimiz için barış içinde olmasını, insanların açlık çekmemesini ve doğaya sahip çıkmanızı, korumanızı ve temiz tutmanızı diliyorum.

Mein Wunsch als Lehrer: Dass die sog. „freien Sender" alle aufhörten Dinge zu senden, die die Seele, die Psych meiner Schüler zerstört.
Gerhard S. (62)

Menschen über 50 Jahre sehen die Zukunft aus einem völlig anderen Blickwinkel. »Noch zehn Jahre Arbeit und dann 20 Jahre Freiheit«, schreibt beispielsweise Friedrich H. aus Löhne. Die Erwartungen der Menschen mit langer Lebenserfahrung sind häufig bescheiden, uneigennützig und sorgenvoll. Aber auch im fortgeschrittenen Alter gibt es noch Visionen: »Zukunft bedeutet für mich eine Reise zum Mond und von dort eine Postkarte nach Hause zu schicken«, schreibt Charlotte H. aus Frechen.

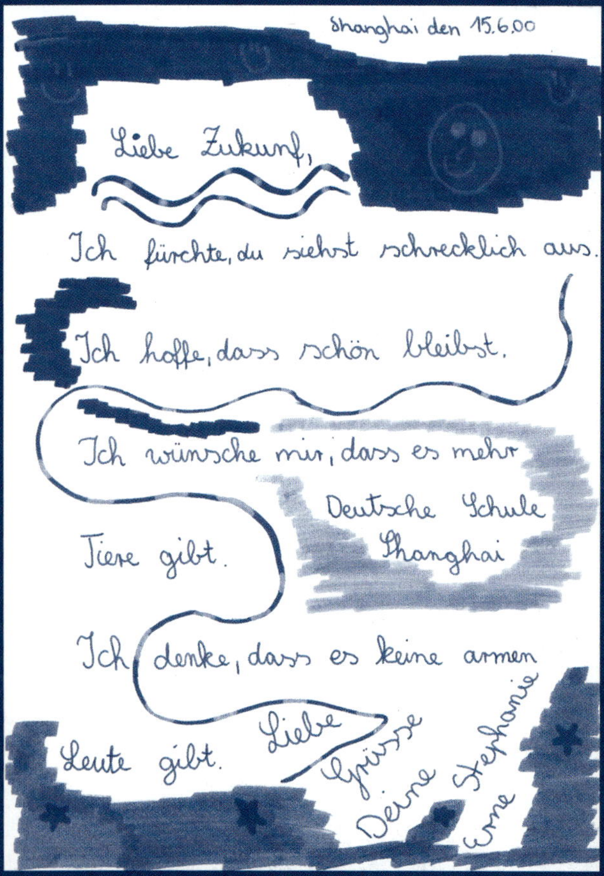

Die überwältigende Mehrheit wünscht sich – quer durch die Generationen – das Verschwinden von Krieg, Rassismus und Ungerechtigkeit. Kurz und gut: eine friedliche Welt. Daran schließt sich die Hoffnung an, dass die Menschen mehr miteinander kommunizieren werden. Denn gegenseitiges Kennenlernen erhöht die Chance für Respekt und Toleranz. Gerade vor dem Hintergrund ausländerfeindlicher Tendenzen in vielen Gesellschaften sind diese Signale gar nicht hoch genug zu bewerten.

Ich bin davon überzeugt, dass Reden allein nicht hilft. Wir müssen handeln und die Ziele systematisch verfolgen. Auf der »Bike-the-Future«-Tour bin ich stoisch Tag für Tag meine 200 bis 300 Kilometer gefahren. Weder Sand- oder Schneestürme noch glühende Hitze oder Buckelpisten haben mich aus der Bahn geworfen, weil ich mein Ziel erreichen wollte. Nur mit der Ausdauer eines Radsportlers kann die Menschheit die Aufgaben der Zukunft meistern. Denn jeder noch so kleine Schritt ist ein wichtiger Schritt zum großen Ziel. Aber wir müssen auch konkret handeln. Ich habe beispielsweise in dem rumänischen Dorf Ocna Sugatag den Grundstein für ein »Hubert-Schwarz-Kinderdorf« gelegt. Es soll 150 Waisenkindern eine

»Dass der Mensch ein Mensch werde« Aufruf zu mehr Menschlichkeit von Anke (60 Jahre).

«Zukunft bedeutet für mich…/Future means to me…»
je suis française, je n'ai rien compris
mais je vous souhaite le bonjour
le progrès fait rage et
le futur ne manque pas d'avenir

«Zukunft bedeutet für mich…/Future means to me…» daß der Mensch
ein Mensch werde
Anke W. (61)

Das die Menschen von Morgen endlich
aus der Dummheit der Menschen von
Heute und Gestern lernen!!
Matthias B. (51)

daß der Homo-Sapiens vernünftig wird
und eines Tages die „Krone der Schöpfung"
sein wird!
Klaus S. (56)

die Expo "3000" mit Solarenergie zu
versorgen.
Horst P. (60)

Die Reise zum Mond und eine Postkarte nach Hause
schicken.
Charlotte H. (64)

«Zukunft bedeutet für mich…/Future means to me…»
To be able to live my life peacefully, without
fear of war, famine, or need.

vernünftige Zukunftschance bieten. Denn die Kinder sind die wahren Opfer des ehemaligen Regimes. Nach dem Zusammenbruch des Sozialismus wurden viele Waisenheime geschlossen. Die Kinder wurden entweder einfach auf die Straße gesetzt oder lebten in verwahrlosten Anstalten unter katastrophalen Bedingungen. Daher habe ich mich für dieses Projekt auf der »Bike-the-Future«-Tour im wahrsten Sinne des Wortes abgestrampelt und Spenden gesammelt. Denn ich möchte, dass diese Kinder weit mehr als nur ein Dach über dem Kopf erhalten. Ich möchte, dass sie genau so wie meine zwei Kinder ein richtiges Zuhause mit Familie und Geschwistern bekommen. Bis dahin ist es sicherlich noch ein weiter Weg. Aber ich träume gern von dieser Vision und lade Sie dazu ein, mit mir diese Vision zu teilen. Denn »wenn einer allein träumt, dann bleibt es ein Traum. Wenn aber wir alle gemeinsam träumen, dann wird es Wirklichkeit.«

Der Wunsch von Charlotte H. (64 Jahre): eine Reise zum Mond und von dort eine Postkarte nach Hause schicken.

Hubert Schwarz

Ausdauersportler und Autor

Der 46-jährige Mittelfranke hat als erster Deutscher 1991 das Ziel des 5.000 Kilometer langen »Race Across America« erreicht. Dies war der Beginn einer einzigartigen Sportlerkarriere. Es folgten Langstrecken-Rekorde in Australien und unzählige Marathontouren, z. B. in 80 Tagen um die Welt (1996). Mit seinen Touren erradelte er rund 1,5 Millionen Mark zugunsten verschiedener Kinderhilfseinrichtungen. Schwarz ist verheiratet und hat zwei Kinder.

Dirk Deckbar

Fotograf

Der 34-Jährige lebt mit seiner Familie seit 1989 in Berlin. Von dort aus erobert er mit Hubert Schwarz die Welt. Auf seinen letzten Touren hat er ihn immer begleitet. »Mich hat an der ›Bike-the-Future‹-Tour das Lachen der Kinder fasziniert«, erzählt er, »ob in Shanghai oder Teheran, die Kinder haben meine Arbeit neugierig und interessiert beobachtet.« Die Tour hat Deckbar zu drei Viertel begleitet, entsprechend viele seiner Bilder sind in diesem Buch abgebildet.

Jörg Wurdak

Zeitungsredakteur und Fotograf

Der 40-jährige Zeitungsredakteur aus Franken ist seit 1991 ein ständiger Begleiter von Hubert Schwarz. Diesmal war er in Südamerika und von Kirgistan bis in die Türkei dabei. »Das Tolle an den Touren ist, dass man die Hinterhöfe dieser Welt kennen lernt.«

Noch einmal Dank an meine Sponsoren – ohne sie hätte ich das Ziel der »Bike-the-Future«-Tour niemals erreicht.

An meinen Hauptsponsor:
Deutsche Post World Net AG

An meine Co-Sponsoren:
Deutsche Vermögensberatung AG
Hewlett-Packard GmbH
Franken Brunnen GmbH & Co KG
Sunrise Sportswear GmbH
TAO Sportswear GmbH

An meine Ausrüster:
Centurion Renner KG
DeTeSat GmbH
Lukas Meindl GmbH
Powerbar Europe GmbH
Shimano / Paul Lange & Co
Simpert Reiter GmbH
Syntace / Jo Klieber GmbH
UVEX Sports GmbH
Inko GmbH

Für ihre Hilfe danke ich auch:
dem Auswärtigen Amt sowie allen deutschen Botschaften in den bereisten Ländern,
der Gesellschaft für technische Zusammenarbeit in Europa (GTZE),
der EXPO Hannover.

»Bike the Future« | Impressum

Schwarz, Hubert:
Bike the Future: Ein Radsportler trifft die Menschen dieser Welt / Hubert Schwarz. –
Ungerthal, 2001
www.hubert-schwarz.com

ISBN 3-00-008454-1

Realisation: P&P GmbH, Gütersloh
Redaktion: Michael Siedenhans
Layout: Lennart Hanebrink (Leitung), Birgit Decker
Lektorat: Karin Hirschmann

Fotos: Dirk Deckbar/Berlin und Jörg Wurdak/Ingolstadt

Druck: CW Niemeyer Druck GmbH, Hameln

Printed in Germany

ISBN 3-00-008454-1